세계화, 무엇이 문제일까?

동아엠앤비

세계화, 무엇이 문제일까?

1판 4쇄 발행 2023년 8월 8일

글쓴이   최배근
일러스트   김규준
펴낸이   이경민

펴낸곳   (주)동아엠앤비
출판등록   2014년 3월 28일(제25100-2014-000025호)
주소   (03972) 서울특별시 마포구 월드컵북로22길 21, 2층
전화   (편집) 02-392-6901 (마케팅) 02-392-6900
팩스   02-392-6902
전자우편   damnb0401@naver.com
SNS   f ⓞ blog
홈페이지   www.moongchibooks.com

ISBN 979-11-87336-42-6 44300

    979-11-87336-40-2 (세트)

세계화, 무엇이 문제일까?

최배근 지음

동아엠앤비

새로운 상상력을
요구하는 세계화

세계 구석구석에 흩어져 살던 사람들은 일반적으로 우리가 알고 있는 것보다 더 오래전부터 서로 교류해 왔습니다. 교통과 통신 기술의 발달은 교류 속도와 빈도를 증가시켰으며, 그럼에도 각 지역 사람들의 삶의 방식은 존중되었습니다. 또한 교류도 대체적으로 상호 이익이 되는 방향으로 진행되었습니다.

그러나 자본주의 시대가 전개되면서 교류의 호혜성은 약화되고 무시되었습니다. 경제 영역에서 정부 역할을 최대한 축소하고, 수익 극대화를 위해 시장 및 자본의 논리에 맡겨야 한다는 '신자유주의'가 득세하면서 민주주의는 위협을 받았고 공공성 약화는 전염병처럼 전 세계로 퍼졌습니다. 그 결과 사회 경제적 약자층의 기본권은 후퇴했습니다.

신자유주의식 세계화 논리는 공산주의 진영이 붕괴하면서 더욱 강화되었고, 정보통신기술의 발달과 결합되면서 금융을 중심으로 세계경제는 더욱 촘촘하게 연결되었습니다. 그러나 세계경제가 연결될수록 전염 효과도 증대되었는데, 대표적인 예로 '미국발 금융위기'는 규제 받지 않은 자본이 어떤 파국을 가져올 수 있는지 보여주었습니다.

금융위기 이후 많은 사람들이 신자유주의식 세계화의 문제를 지적하고 모두가 함께 가는 세계화의 필요성을 주장했지만 아직까지 구체적인 모습을 갖추지는 못했습니다. 기본적으로 세계화는 개별 국가의 영역을 넘어 초국가 간 협력을 절대적으로 요구하는 반면, 현실은 여전히 개별 국가의 이윤 극대화를 위한 경쟁이 지배하고 있기 때문입니다. 따라서 이상적인 세계화를 위해서는 개별 국가의 독립성을 전제로 작동했던 민주주의를 새로운 차원으로 업그레이드시켜야 합니다.

게다가 급격히 변화되는 기술의 발달로 사람과 사물 등 모든 것이 실시간으로 연결되는 시대가 오고 있기 때문에 세계화는 불가역적 측면이 존재한다는 것을 인지해야 합니다. 즉 지금까지 우리가 의존해 왔던 제도들로는 세계화가 일으키는 과제들을 해결할 수 없습니다. 새로운 가치관과 사회운영 원리 등에 대한 상상력이 요구되고 있습니다. '새 술은 새 부대에 담아야 한다'는 말이 있듯이 새로운 시대의 주인공인 청소년들이 앞으로 풀어 나가야 할 과제입니다. 이 과제를 풀어가는 데 조금이라도 도움이 되길 바라면서 이 책을 집필하였습니다.

끝으로 이 책을 집필할 때 자료 수집과 정리를 도와주고 청소년들이 가능한 읽기 편하도록 용어를 알려 주는 등 큰 도움을 준 건국대 경제학과 대학원에 재학 중인 신동주 양에게 감사의 말을 전하고 싶습니다.

최배근

01장

세계화,
무엇이 문제인가

'세계화'라는 단어를 들으면 어떤 생각이 드나요? 전 세계가 서로서로 도와 가며 하나가 되고 결국에는 모두를 잘살게 만들어 주는 것으로 생각할 수도 있습니다. 반면, 혹자는 세계화로 인해 국가 간 불평등이 오히려 심화되었다고 말합니다. 구글의 지도 반출 논란, 구글세(특허료 등 막대한 이익을 올리고도 조세 조약이나 세법을 악용해 세금을 내지 않았던 다국적 기업에 부과하기 위한 세금), 유럽연합(EU)이 애플에게 부과한 약 16조 2500억 원(130억 유로, 1유로당 1250원 기준)의 세금 폭탄, 브렉시트, 트럼프 당선 등도 떠오를 수 있을 것입니다.

'세계화' 또는 '글로벌화'는 미국 하버드대학교의 경제학자 시어도어 레빗 교수가 1983년에 처음 사용했습니다. 그는 세계화를 '정치, 경제, 사회, 문화 등 다양한 분야에서 국가 간 교류가 활발해지면서 전 세계에 있는 국가들이 점점 하나의 생활권으로 결합하는 현상'[01]이라고 말했습니다. 교류를 통해 서로가 부족한 것을 채우고 상호작용할 수 있게 된다는 것입니다.

이러한 세계화의 특징이 가장 잘 드러나는 것은 경제 분야입니다. 우리가 사용하고 있는 재화는 전 세계 곳곳에서 만들어진 것입니다. 정보통신의 발달로 우리는 우리나라에서 팔지 않는 상품을 구입할 수도 있습니다. 우리나라 기업은 해외에 공장을 짓고 낮은 인건비를 바탕으로 값싼 상품을 만들어 수출합니다. 금융계에서는 실제로 돈이 움직이지 않더라도 멀리서 결제할 수 있습니다. 또한 실시간으로 정보가 이동할 수 있기 때문에 세계 곳곳에서 일어나는 사건을 바로 인식할 수 있고 각국 정부가 이에 대응할 수 있습니다. 다른 나라에 사는 사람들과 연락할 수도 있고, 전문가들은 서로의 연구 자료를 공유함으로써 더 깊

---

01) 게르트 슈나이더, 2013, 『왜 세계화가 문제일까?』, 이수영 역, 반니, p. 16.

고 다양한 연구를 할 수 있습니다. 하지만 실제로 진행되었던 '세계화'는 위에서 말한 것처럼 아름답지만은 않았습니다. 세계화의 역사를 짚어 보면서 이를 확인해 보려고 합니다.

세계화의 역사

사실 세계화는 19세기 말에 본격화되었습니다. 20세기 후반 세계화의 물결과 차이가 있다면 19세기 말부터 진행된 세계화는 상품의 자유로운 교역과 시장 개방 중심으로 이뤄졌다는 것입니다. 반면, 20세기 후반에 진행된 세계화는 상품을 비롯해 노동과 자본 같은 생산요소 시장의 개방과 정보시장의 통합까지 그 범위를 확대했습니다.

최초의 세계화는 15세기 무렵 신대륙을 발견하기 위해 항해하던 유럽 정복가들에 의해 시작되었다고 볼 수 있습니다. 대표적인 예로 콜럼버스를 들 수 있습니다. 콜럼버스의 항해 이야기를 통해 우리는 유럽 정복자들이 유럽 외 세계를 어떻게 인식하고 있었는지 알 수 있습니다. 콜럼버스는 총 네 차례의 항해를 통해 신대륙을 발견하고 식민지화했습니다.

1차 항해로 남아메리카 쪽에 있는 새로운 섬을 발견한 콜럼버스는 이 섬을 식민지로 만들기 위해 곧바로 2차 항해를 준비했습니다. 1차 항해 때 일부 동료

원주민을 무력으로 진압하고 식민지로 신대륙을 점령한 콜럼버스

들을 그 섬에 남겨 두었는데, 2차 항해 때 다시 가 보니 모두 죽어 있었습니다. 섬에 남아 있던 동료들이 금을 찾기 위해 섬 전체를 돌아다니며 약탈을 일삼았기 때문에 원주민들이 그들을 살해한 것입니다.

고국으로 돌아온 콜럼버스는 원주민을 체계적이고 폭력적으로 억압하고 지배하기로 결정했습니다. 1495년 3월 24일 콜럼버스는 신식무기로 무장한 200여 명의 병력으로, 알몸에 원시적 무기를 든 2천여 명의 원주민과 전투를 벌였고 완전히 진압하는 데 성공했습니다. 그 결과 콜럼버스와 같이 왔던 이주민은 더욱 원주민의 식량과 금 등을 빼앗는 데 몰두하였습니다. 하지만 이주민과 콜럼버스를 지원했던 스페인 국왕은 기대했던 만큼 금을 얻지 못했습니다. 콜럼버스에 대한 국왕의 신뢰는 약화되었고 국왕은 항해에 대한 지원을 줄였습니다. 그 후 콜럼버스의 항해는 큰 소득 없이 끝났습니다.[02]

세계화는 이렇듯 유럽 정복자들이 경제적 이익을 위해 세계 곳곳을 항해하면서 시작되었다고 할 수 있습니다. 그들은 신대륙을 찾기 위해 돌아다니면서 원주민을 지배하거나 죽이고 식민지로 만들었습니다. 그러고는 금과 향신료 등 경제적 이익이 될 만한 것은 모두 유럽으로 가져갔습니다.

유럽 정복자가 말하는 유럽과 '신대륙' 사이의 거래는 불평등하고 불공정한 무역이었습니다. 세계화는 그렇게 시작되었습니다. 사실 신대륙 발견이라는 표현은 철저한 유럽 중심의 사고에 불과합니다. 유럽인이 발견했다는 신대륙은 아무도 살지 않던 곳이 아니라 본래 원주민이 살던 땅이었기 때문입니다. 아메리카의 역사는 그 땅에서 오래전부터 평화롭게 살아오던 원주민을 학살하고 쫓아낸 서

---

02) 라스 카사스 신부 엮음, 2000, 『콜럼버스 항해록』, 박광순 역, 범우사, pp. 27~29.

양의 약탈과 지배의 역사입니다. 당사자인 원주민은 얼마나 억울하겠습니까.

이후 18세기 말 산업혁명을 거치면서 세계화는 더욱 빠르게 진행되었습니다. 산업혁명은 영국에서 면직물 생산에 기계를 사용하며 시작되었습니다. 증기기관이 투입되면서 산업혁명은 가속화되었으며 '인클로저 운동'으로 토지에서 쫓겨난 농촌 사람들을 도시로 모여들게 만들었습니다.

'인클로저 운동'이란 봉건 지주가 공동 경작지를 사유화시킴에 따라 농민이 자신의 생계 수단인 농토에서 쫓겨나 도시로 가서 육체 노동력을 팔아 생계를 유지하는 임금 노동자가 된 역사적 과정을 말합니다.

제1차 인클로저 운동은 15세기 말경부터 시작되어 16세기에 크게 전개되었는데, 영국에서 모직물 공업의 발달로 양털 값이 폭등하자 지주가 자신의 수입

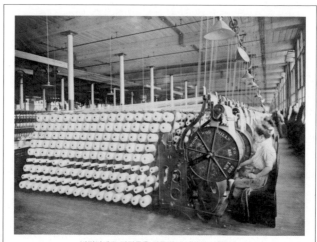

방직기계로 면직물을 만들면서 시작된 산업혁명

을 늘리기 위하여 공동 경작지에 울타리를 쳐서 양을 기르는 목장으로 만든 운동이었습니다. 그 결과 농업 생산은 크게 증가하여 지주는 큰 부를 소유하였지만 농민은 농토를 잃고 도시로 내쫓겨 임노동자(자신의 노동력을 제공하고 그 대가로 받은 임금으로 살아가는 사람)가 되었습니다. 따라서 도시에는 임노동자가 급증하였습니다. 토마스 모어는 이러한 현상을 일컬어 "전에는 사람이 양을 먹었지만 지금은 양이 사람을 잡아먹는다"고 하였습니다.

제2차 인클로저 운동은 1차 때와는 달리 대농장 경영으로 인한 것이었습니다. 즉 18세기 후반에서 19세기 전반에 걸친 인구 증가에 따라 한편으로는 식량 수요가 급증하였고, 다른 한편으로는 새로운 농기구, 비료, 수확 기술 등의 도입으로 농업 경영의 합리화가 진행되면서 대농장 경영이 유리하게 되었습니다. 즉 영주들은 토지에 대한 권리를 주장할 만한 문서 없이 선조 대대로 농지를 경작하던 농민들을 내쫓고 그 농지를 자기 농지에 편입시켰습니다.

한편 영주와 영주 사이에 농지 교환도 일어났습니다. 중세 시대 영주가 획득한 농지는 동일한 지역에 집결되었던 것이 아니라 여러 곳에 있었기에 각 영주의 농지는 서로 섞여 있는 경우가 많았습니다. 대농장 경영이 유리하게 되자 영주들은 자기 농지를 같은 지역에 모으려 했던 것입니다. 의회를 장악한 부르주아지는 이러한 과정을 법 제정을 통해 추진했습니다. 따라서 제2차 인클로저 운동을 합법적인 인클로저 운동이라 부릅니다. 토지를 빼앗긴 농민은 대농장 경영에 임노동자로 고용되거나 도시 공업화에 필요한 임노동자로 흡수되었습니다.

이러한 과정에서 만들어진 값싼 노동력은 공업 발달에 크게 기여하였습니다.

농촌에서 쫓겨나 도시로 이동할 수밖에 없었던 이들은 도시에서 살면 더 나은 삶을 살 수 있다고 생각했습니다.[03] 사람들이 모이면서 도시는 더욱 빠른 속도로 성장했지만 과학기술이 지속적으로 발전하면서 기계 생산력이 증가하였고 그럴수록 기업에서 고용하려는 사람 수는 줄어들었습니다. 이에 실업자가 늘어나자 낮은 임금으로도 일하려는 노동자가 많아지면서 노동자들은 저임금으로 고된 노동에 시달리게 되었습니다.

한편, 영국에서 발명된 증기기관차는 마차를 타고 20시간이 걸렸던 거리를 3시간으로 줄여 주었습니다. 수십 년 뒤에 이 증기기관차가 다닐 철도가 곳곳에 설치되었고 구대륙과 신대륙을 연결시켜 주었습니다. 유럽 정복자들은 이렇게 발전된 기술을 통해 더 빠르게 많은 식민지를 만들어 냈습니다.

식민지는 유럽에서 나오는 상품을 비싸게 사들였고 원료는 싼값에 유럽에 수출했습니다. 부자 나라는 계속 부유해졌고 가난한 나라는 계속 가난해졌습니다. 노동자와 기업가 간의 빈부격차도 심해졌습니다. 당시에는 지금처럼 노동조합이 존재하지 않아 노동자는 기업가와 임금을 협상할 길이 없었습니다. 기업가가 부르는 대로 임금을 받아야 했습니다. 물론 최저임금, 의료보험 등 국가가 보장하는 사회복지제도도 없었습니다. 살기 힘들어진 노동자는 해외로 이민을 떠나기도 했습니다.

아시아도 유럽 정복자들에 의해 세계화에 들어섰습니다. 1842년 영국은 중국과 아편전쟁을 벌였습니다. 영국 사람들은 중국의 차를 좋아해서 많은 은을 주고 중국으로부터 차를 수입했습니다. 반면, 중국 사람들은 영국에서 파는 모

---

03) 게르트 슈나이더, 2013, p. 29.

대륙 사이를 빠르게 연결시켜 준 증기기관차의 발명

직물에 관심이 없었습니다. 영국은 중국과의 무역에서 적자를 면하기 어려웠고 이에 대한 방편으로 중국에 아편을 몰래 수출하였습니다. 이를 통해 영국은 중국으로 갔던 은을 다시 가져올 수 있었습니다.

아편에 중독된 중국인이 많아지자 중국 정부는 아편 수입을 금지하였고 영국 상인들이 갖고 있던 아편을 모두 몰수했습니다. 이에 손실을 입은 영국 상인들은 아편 몰수가 자유무역과 사적재산권을 침해하는 것이라며 영국 정부와 의회를 압박했고 의회는 중국에 군대를 보내는 것을 승인하였습니다.

아편전쟁에서 크게 패한 중국은 영국에게 홍콩을 빼앗기고 다섯 개 항구를 개항했으며 아편 배상금 600만 달러, 전비 배상금 1200만 달러, 공행(公行. 광저우에서 서양인과 무역할 수 있도록 공식 허가를 받은 상인조합) 부채 300만 달러 등을 지불하는 등

굴욕적인 난징조약을 체결하였습니다.

우리나라는 1876년 일본의 강요에 의해 해안 측량을 허용하고 조선에 들어온 일본 상인에 대한 치외법권을 인정하는 강화도 조약을 체결하면서 세계화에 동참합니다. 그리고 이를 계기로 우리나라는 일본에게 주요 주권들을 뺏기고 1910년에는 일본의 식민지로 전락하였습니다.

강대국의 식민지 만들기는 20세기에도 계속되었습니다. 그런데 존재하는 대륙이 한정되어 있다 보니 식민지로 만들 수 있는 나라도 줄어들었습니다. 강대국들 사이에서 식민지를 차지하기 위한 갈등이 일어났고 이는 결국 제1차 세계대전(1914~18)과 제2차 세계대전(1939~45)을 발생시킵니다. 1·2차 세계대전은 전 세계에 수많은 사상자를 만들어 냈습니다. 그것이 세계화 초기의 결과입니다. 그리고 1, 2차 세계대전 사이에 세계는 대공황을 경험하였습니다. (1929년 10월 29일, 이른바 '검은 화요일'에 주식이 폭락하면서 시작된) 대공황은 2008년 글로벌 금융위기와 비교될 정도로 많은 공통점을 갖고 있습니다. 무엇보다 미국에서 시작되어 전 세계로 퍼졌다는 점, 그리고 소득 불평등의 심화와 금융에 대한 규제 완화 등입니다.

대공황이 발발하자 순식간에 기업들은 무너졌고 수많은 사람이 해고당했습니다. 전쟁도 끝난 평화로운 시기에 이러한 일이 발생한 이유는 무엇일까요? 쉽게 말하면 상품의 상대적 과잉생산 때문이었습니다. 제1차 세계대전으로 미국의 자본가는 막대한 부를 얻게 됩니다. 미국에서 전쟁이 발생한 적은 없기 때문에 전쟁에 의한 피해는 다른 유럽 국가에 비해 없었고, 전쟁 국가에게 군수물자를 판매함으로써 미국은 엄청난 이익을 얻을 수 있었기 때문입니다.

검은 화요일에 주식이 폭락하면서 시작된 세계 대공황

하지만 자본가는 끊임없이 이윤을 늘리는 것이 목적이기 때문에 더 많은 공장을 짓습니다. 흔히 '세이의 법칙'으로 알려진 "공급을 늘릴수록 수요가 창출된다!" 이것이 당시 사람들이 갖고 있던 생각입니다. 사실, '세이의 법칙'은 생산 능력이 비약적으로 발전하게 된 2차 산업혁명이 시작된 19세기 후반 이전까지의 상황을 반영하는 이론이었습니다. 이러한 경제 이론을 관성적으로 받아들였기에 물건을 많이 생산할수록 소비하는 사람이 있을 거라고 생각한 것입니다. 그래서 자본가는 더 많은 상품을 만들어 내기 시작합니다.

그런데 (1875년 카네기가 베세머 공법으로 철강 생산을 시작한 이후 1880년대 미국과 독일 등에서 중화학공업을 발생시킨) 2차 산업혁명으로 생산 능력이 비약적으로 발전하면서 생산된 상품이 충분히 소비되지 않았습니다. 기업의 이윤이 감소하자 기업은 비용을 줄이기 위해 인건비를 삭감하기 시작합니다. 그 결과 노동자의 소득은 정체되고 사람들의 소비 증가 속도는 생산 증가 속도를 따라갈 수 없게 됩니다.

공급 과잉으로 물가가 하락하며 이윤이 다시 감소하고, 이는 생산 축소와 재고 증가 그리고 기업 도산으로 이어져 대량 실업자가 양성되는 악순환이 반복됩니다. 당시 미국의 실업률은 네 명 중 한 명이 실업자일 정도였습니다. 미국은 이를 해결하기 위해 정부가 직접 시장에 참여해 총수요를 높여야 한다는 케인스 이론을 바탕으로 뉴딜 정책을 실시합니다.

일부에서 뉴딜 정책을 미국 테네시 강 유역의 다목적댐 건설로 연장하듯이 정부 재정으로 사회간접자본(SOC. 도로, 항만, 철도, 통신, 전력, 수도 따위의 공공시설)에 투자하는 것으로 오해하곤 하지만, 케인스 이론과 뉴딜 정책의 핵심은 소득 불평등 해소에 있습니다. 케인스는 자본주의의 기본 속성인 소득 불평등을 수요 부족에 따른 불균형을 가져오는 구조적인 문제로 보았고, 불균형 누적에 따른 결과인 공황을 방지하려면 경제적 약자층에 대한 사회보장 강화나 이들을 위한 경제적 기회의 확대 제공 등이 필요하다고 보았습니다.

마찬가지로 뉴딜 정책은 흔히 3R, 즉 빈곤과 실업 구제(Relief)와 근본적인 제도 개혁(Reform), 그리고 구제와 개혁을 통한 경제 회복(Recovery)을 기본방향으로 설정하였습니다.

빈곤과 실업 구제에 필요한 재원 마련을 위해 최고 소득세율을 대공황 직전 24%에서 1940년에 81.1%까지 인상하고, 상속세도 20%에서 1932년 45%로 인상합니다. 그리고 '1935년 전국노사관계법(NIRA, 와그너법)'과 1935년 사회보장법

(Social Security Act)을 제정하여 노동조합을 제도화시키고 단체교섭을 의무화시킴으로써 노동자의 교섭력을 증대시켰습니다.

실업보험 제도, 노년연금, 장애아 부양 어린이에 대한 지원 프로그램 등 현대 복지국가의 기초를 마련한 것도 뉴딜 정책이었습니다. 그럼에도 뉴딜 정책만으로는 대공황의 충격이 충분히 해결될 수 없었습니다. 대공황은 제2차 세계대전이 창출한 새로운 수요로 막을 내렸습니다.

연합군의 승리로 제2차 세계대전이 끝난 후 평화로울 것 같았던 세계는 다시 둘로 나뉘게 됩니다. 제2차 세계대전 때 힘을 합해 제국주의 세력과 싸우던 미국과 소련은 전 세계를 자본주의 체제와 공산주의 체제 둘로 나누었습니다. 이를 냉전 체제라고 합니다. 자본주의 체제의 서방 연합국과 공산주의 체제의 동유럽권 나라들은 서로 팽팽하게 맞섰습니다. 그래서 20세기 중반까지는 어느 누구도 세계화에 대한 언급을 하지 않았습니다. 자본주의 국가는 이웃에 있는 공산주의 국가와 아무리 가깝고 이득을 볼 수 있더라도 절대 무역을 하지 않았습니다. 경제적 이익보다 사상이 더 중요한 때였습니다.

하지만 1990년 서독과 동독으로 갈라졌던 독일이 자본주의 체제였던 서독에 의해 통일되고, 1991년 소련이 무너지면서 냉전 체제는 끝났습니다. 그 후 동유럽 공산주의 블록이 무너졌습니다. 냉전 체제의 종식으로 자유로운 물자 교류와 자본 흐름을 방해하는 경계와 장애물도 사라졌습니다. 1991년에는 서방세계에서도 경제 통합이 크게 진전되는 사건이 발생합니다. 단순한 시장 통합 단계에서 정치·경제 통합 단계로 나아가기 위해 유럽 공동체 12개국(벨기에, 덴마크, 독일, 그리스, 스페인, 프랑스, 아일랜드, 룩셈부르크, 이탈리아, 네덜란드, 포르투갈, 영국) 정상들이 네덜란드의 마스트리흐트에 모여서 유럽 통합 조약인 마스트리흐트 조약 체결을 합의하고, 이에 기초해 1993년에 유럽연합이 출범했습니다. 그리고 1999년에는 단일 화폐인 유로화를 도입함으로써 유럽의 경제 통합은 가속화되었습니다.

이것이 1990년대 세계화가 다시 등장하게 된 배경입니다. 전 세계가 마치 서로 손잡고 일하는 것처럼 보였고, 각 나라의 정부와 기업, 은행은 긴밀한 관계를 유지하게 되었습니다. 모두가 세계화라는 그물망의 한 부분이 되어 다른 나라와 화합하고 서로 의존하는 것처럼 보였습니다.

세계화의 특징

2001년 9월 11일, 뉴욕에 있던 세계무역센터 쌍둥이 빌딩에 여객기 두 대가 충돌하는 사태가 벌어졌습니다. 두 여객기는 모두 테러범들에게 납치되어 조종석을 장악당함으로써 테러가 발생한 것입니다. 이 테러로 인해 3천여 명의 사람이 죽었습니다. 그리고 테러 장면이 실시간으로 전 세계 사람들에게 전달되어서 모두가 충격에 빠졌습니다.

미국을 중심으로 각국 정부는 테러와의 전쟁을 선포하고 대응하기 시작했습니다. 미국은 테러 방지를 위해 사람들을 감시하는 법을 강화했고 이로 인해 이메일과 전화 통화 감시가 가능해졌습니다.

그런데 테러의 발생 원인을 생각해 보면 미국 정부가 선택한, 테러에 대한 정책 방향이 옳은 것인가 의문이 듭니다. 테러범들이 테러를 저질렀던 이유는 미국의 패권적인 모습에 대한 분노 때문입니다. 냉전이 끝난 뒤로 유일한 강대국이 되어 버린 미국은 자국의 이익을 위해 중동 국가들을 움직이기 시작합니다. 대표적으로 걸프 전쟁을 들 수 있습니다. 걸프 전쟁은 중동에서 일어난 대규모 전쟁으로 1990년 8월에 이라크의 쿠웨이트 침공으로 시작되었으며, 1991년 1월 미국을 중심으로 33개의 다국적군이 이라크를 제재하기 위해 걸프 전쟁에 개입한 일련의 과정을 말합니다.[04]

걸프 전쟁은 미국이 참여하자마자 이라크가 무조건적으로 항복하여 100시간 전쟁으로도 알려져 있습니다. 미국은 이 전쟁을 계기로 중동 지역 내 입지를

---

04) 문은영, 2001, "걸프전쟁", 「중동연구」, 20권, 한국외국어대학교 중동연구소, p. 1.

강화하게 됩니다. 그 후에도 중동의 석유를 안정적으로 공급받기 위해 정치적으로 중동 국가에 개입했습니다. 그리고 세계화를 빌미로 시장 개방을 요구함으로써 경쟁력이 약한 국가의 산업을 무너지게 만들었습니다.

이러한 미국의 행태는 사람들의 분노를 불러일으켰고 결국 9·11 테러와 같은 끔찍한 일이 일어나도록 만들었습니다. 물론 테러를 저지르는 행위는 정당화될 수 없습니다. 테러로 인해 가장 많이 희생당하는 사람은 민간인이기 때문입니다. 미국의 패권적인 행태와는 전혀 상관이 없는 사람들입니다. 그러므로 테러는 용서할 수 없습니다.

그런데 과거 부시 대통령을 비롯한 사람들은 테러의 원인을 빈곤, 무지, 종교적 편견 등에서 찾았습니다. 그리고 보안 강화와 군사적 압박을 통해 테러 행위를 막을 수 있다고 잘못 판단하였습니다. 자폭 테러의 동기 대부분은 미국 등 선진국에 대한 분노였고, 중동 지역에서 이어지는 테러 행위도 자국 영토에서 외부의 적을 몰아내기 위한 투쟁인 경우가 많았습니다.[05] 미국이 이들 국가에 대한 패권적인 행동을 중단하지 않는다면 테러 자원자는 결코 줄어들지 않을 것입니다. 한편, 9·11 테러로 사람들은 세계화에 대한 부정적 인식을 갖기 시작했습니다. 테러와 저개발 국가의 경제 악화 원인이 선진국에 있음을 알게 되었기 때문입니다. 세계화로 인해 선진국과 개발도상국의 갈등과 분열, 격차가 발생하는 것을 본 사람들은 세계화에 대한 기대를 저버릴 수밖에 없었습니다.[06]

여기서 우리는 '세계화'라는 단어가 무엇을 의미하는지 알 수 있습니다. 세계화는 동구권 붕괴 이후 '냉전 종식'이 요란하게 선언된 1990년대 이후 본격화되

---

05) 임현진·공석기, 2014, 「뒤틀린 세계화: 한국의 대안찾기」, 나남, p. 126.
06) 앞의 책, p. 17.

었다는 점에서 냉전 승리 세력의 세계 독점을 의미합니다. 즉 세계화를 의미하는 '글로벌화(globalization)'는 미국 주도의 세계 독점 표어였고, 이것이 우리나라 김영삼 정부에서 '세계화(Segyehwa)'로 나타났던 것입니다. 그리고 '세계화' 구호 앞에 개방과 자유화 등은 만병통치약으로 자리 잡게 되었습니다.

한편 세계화는 서로를 연결시키는 그물망을 만들었는데, 그 결과 한 지역에서 일어나는 일은 전 세계에 영향을 줄 수 있습니다. 예를 들어 미국 서브 프라임 모기지 부실 사태에서 시작된 금융 불안은 서유럽과 아시아와 중남미 등에서 미국 자금의 회수와 이들 지역으로의 수출 급감을 가져왔고, 중동과 러시아의 석유 및 호주 자원에 대한 수요를 감소시켰습니다. 또한 서유럽에서 미국 자금의 회수는 아시아와 동유럽에서 서유럽 자금의 회수로 이어졌을 뿐만 아니라, 아프리카에 대한 서유럽의 국제 지원금을 축소시킴으로써 아프리카의 수입이 감소하는 주요 원인이 되었습니다.

선진국에서 주식 및 부동산 등 자산 가격의 폭락에 따른 소비 감소와 불안 심리로 나타난 선진국의 수요 감소는 신흥국 수출 감소를 의미할 뿐만 아니라 선진국 간의 교역 감소와 선진국에서 신흥국으로의 수출 감소를 의미합니다. 심지어 중남미 국가들은 선진국에 거주하는 동포가 보내주는 송금액이 감소하여 큰 타격을 입었습니다. 부동산 거품 붕괴에서 시작된 서브 프라임 모기지 부실이 '금융 흑사병'처럼 세계 구석구석을 삼킨 것입니다.[07]

세계화는 자연환경을 파괴시키는 데 직접적인 영향을 주기도 하였습니다. 세계화로 무역이 활발해지면서 기업 간 경쟁은 격화되었습니다. 글로벌 기업은 상

---

07) 매일경제, 2009. 3. 24.

대기오염으로 인한 심각한 도시 스모그 현상

품을 더 싸게 만들기 위해 나무를 베고 공장을 지었으며, 원자재에 들어가는 비용을 줄이려고 노력했습니다.

환경오염을 막기 위해 정부는 환경을 오염시킨 만큼 세금을 부과하는데, 기업은 로비를 하거나 정부를 압박하여 이 세금을 줄이려고 했습니다. 기업의 로비를 받은 정부는 기업이 돈을 많이 벌수록 경제가 성장하고 일자리가 늘어난다는 논리로 환경오염을 허용해 주곤 했습니다. 그 결과 아시아, 라틴아메리카, 아프리카 등의 거대 도시 오염은 크게 증가했습니다.

예를 들어 중국의 상해, 인도네시아의 자카르타, 브라질의 상파울루, 멕시코의 멕시코시티 등은 대기오염으로 심각한 스모그 현상이 발생했습니다. 무역과 경쟁 증가에 따른 에너지 및 자연자원 소비 급증으로 인해 지구가 파괴되는 것입니다. [08]

하지만 그렇다고 해서 세계화를 중단해야 하는 것은 아니며 중단시킬 수도 없습니다. 21세기 정보통신의 발달로 각 국가 간 교류가 더욱 빨라졌고 서로 다양한 방법으로 연결되었으며 그 결과 전 세계는 정치, 경제적인 상호 의존도가 크게 증가했습니다. 과거에는 미국 등 선진국이 개발도상국에 일방적 영향을 행사한 반면 오늘날은(여전히 정도 차이가 존재함에도 불구하고) 쌍방향으로 작용합니다. 예를 들면, 미국이 중국에게 영향을 줄 수 있지만 중국도 미국에게 영향을 줄 수 있다는 뜻입니다. 다음 기사는 중국 경제가 미국과 유럽 증시에 영향을 미치고, 이는 다시 한국 증시에 영향을 미치고 있음을 보여줍니다.

---

08) 게르트 슈나이더, 2013, p. 68.

> "코스피가 하락세로 출발했다. 환율이 또다시 상승하며 불안감을 키우고 있는 데다 미국과 유럽이 급락한 것이 장 초반 분위기를 어둡게 하고 있다. 밤사이 뉴욕 증시는 부진한 경기 지표와 중국 경기 부양 규모가 확대되지 않았다는 실망감에 4% 이상 급락했다. 다우지수는 1997년 이래 최저치로 밀렸고, S&P500 지수도 1996년 이래 최저 수준으로 떨어졌다. 유럽 증시도 중국 재료와 함께 금리 인하 발표에도 경기 후퇴를 막기에는 역부족이라는 우려로 크게 하락했다…"

- 이데일리, 2009년 3월 6일

마찬가지로 한국 및 신흥 시장이 미국과 선진국 시장에 영향을 미치고 있습니다. 다음 기사는 국민연금의 미국채(미국 정부가 발행한 채권) 보유 비중 축소 발표가 글로벌 달러 움직임에 반향을 불러일으킨 기사입니다.

> "경기 회복 기대감으로 글로벌 투자 자금이 안전 자산에서 위험 자산으로 옮겨 가고 있는 상황에서 한국의 국민연금이 미 국채 보유 비중을 줄이겠다고 밝히자 달러화 가치가 가파르게 떨어졌다. 지난달[필자: 2009년 5월] 29일 뉴욕 외환시장에서 미 달러화 가치는 유로당 14151달러로 올 들어 최저치로 떨어졌다. 이로써 5월 한 달 동안 달러화 가치는 유로화 대비 6% 이상 하락했다. … 국민연금이 미 국채 투자 비중을 줄이겠다고 밝힌 게 달러 가치 하락을 부추겼다. 블룸버그통신은 국민연금이 앞으로 5년간 미 국채 비

이처럼 이제 세계화는 모든 국가들이 서로 협력해야 살아갈 수 있음을 보여

줍니다. 과거에는 미국이 특정 국가에 일방적으로 제재를 가할 수 있었고, 그 국

가는 미국이 원하는 대로 할 수밖에 없었습니다. 그 국가는 미국에 영향을 줄

수 없었기 때문입니다. 하지만 지금은 미국의 영향력이 가장 크지만, 그 위치는

흔들리고 있습니다. 세계 정치와 경제 등의 다원화가 증대되고 있기 때문입니다.

세계화로 전 세계는 하나의 그물망이 되었고, 그 결과 다른 국가가 미국 경제

에 영향을 미치고 있습니다. 예를 들어 미국 경제 정책의 효과가 외국에 의해 훼

손되지 않도록, 즉 미국의 경제 주권을 복구하기 위해 만든 것이 G20 정상회의

입니다. 2008년 9월 15일 미국의 대형 투자은행 중 하나인 리먼 브러더스가 파

산하면서 미국 금융시스템의 작동은 멈추었고, 미국 경제는 침체로 빠져들었습

니다.

물론 미국발 금융위기는 전 세계의 금융 혼란으로 발전했고, 세계경제도 침

체시켰습니다. 당시 미국 대통령이었던 부시는 금융 혼란과 세계경제의 침체 등

을 해결하기 위해서는 국제 공조와 협력이 필요하다며 19개 국가의 정상들을 워

싱턴으로 초청하였고, G20 정상회의의 실무 책임자였던 미국 재무장관 폴슨은

정상회의를 3일 앞둔 11월 15일 기자회견을 통해 미국이 G20 정상회의를 만든

금융 혼란과 세계경제의 침체 등을
해결하기 위해 만들어진 G20

이유는 '글로벌 불균형'을 해결하기 위한 것임을 밝혔습니다.

'글로벌 불균형'이란 중국, 한국, 중동 산유국, 일본, 독일 등이 미국과의 무역에서 대규모 흑자를 기록하고, 미국 등 수입국은 대규모 무역 적자가 누적되는 현상을 말합니다. 미국의 많은 경제학자들은 미국의 대규모 무역 적자로 미국에서 유출된 달러가 다시 미국으로 재유입되어 미국 정부가 발행한 국채나 주택저당증권(MBS) 등에 투자되면서 미국 통화 정책의 효과를 약화시켰다고 주장합니다.

중국과 한국 그리고 중동 산유국 등은 무역을 통해 벌어들인 달러(이른바 외환 보유액)를 그냥 갖고 있지 않습니다. 그 돈으로 수익을 발생시키기 위해 여러 상품에 투자하는데, 일반적으로 미국 채권에 투자합니다. 그 이유는 미국 채권이 (현재까지는) 투자에 대한 손실 위험이 가장 낮은 상품이기 때문입니다. 문제는 미국 정부가 시장 이자율(장기 금리)을 높이고 싶을 때 발생합니다. 정부가 움직일 수 있는 이자율은 기준 금리(단기 금리)입니다.

경제학적으로 단기 금리가 오르면 장기 금리가 올라가기 때문에, 정부는 항상 단기 금리 상승을 통해 장기 금리를 올려왔습니다. 그런데 최근에는 무역 흑자

국가들이 미국 채권을 구매함으로써 이러한 경제 논리가 작동하지 않게 된 것입니다. 그 이유는 채권 가격이 높아질수록 시장 이자율은 낮아지기 때문입니다.

어떠한 상품을 더 많이 구매할수록 그 상품의 가격이 올라갑니다. 마찬가지로 무역 흑자국은 미국 채권을 사들였고, 그 결과 미국 채권은 가격이 올라갔습니다. 그리고 채권 가격은 시장 이자율과 반대로 움직이기에 시장 이자율은 떨어졌습니다. 시장 이자율 하락이 미국 정부가 단기 금리를 올리는 것과 상관없이 진행되는 것입니다. 결국 미국 정부는 시장 이자율을 올리지 못했고, 그래서 미국은 자신의 통화 정책 효과가 약화된 이유를 '글로벌 불균형'이라고 분석했습니다.

당시 미국이 시장 이자율을 올리려고 한 이유는 부동산 시장이 너무나 과열되었기 때문입니다. 하지만 시장 이자율은 올라가지 않았고 부동산 시장의 과열, 즉 주택 가격 상승이 지속되었고, 뒤늦게 주택 가격이 하락하면서 이른바 '서브 프라임 모기지' 사태로 부르는 금융위기가 발발했다고 생각하는 것입니다. 여기서 서브 프라임은 가장 낮은 신용 등급을 의미하고, 모기지는 주택 담보 대출금을 의미합니다. 따라서 서브 프라임 모기지는 저소득자나 무직자 등의 주택 담보 대출금을 말합니다.

주택 가격이 하락하면서 저소득자들은 주택이 차압되어 우선적으로 타격을 받았습니다. 또한 이들의 모기지를 기초로 발행한 채권 가치가 하락하면서 이 채권에 투자했던 선진국 금융 회사는 외부 지원이 없다면 파산할 정도로 대규모 손실을 입게 되었으며 신용이 나빠지면서 실물 경제도 침체에 빠졌던 것입니다.

선진국 경제가 전체적으로 침체되었기에 선진국만의 힘으로 세계경제를 회복시킬 수 없었고, 신흥 시장국들의 협력이 필요했습니다. 즉 미국 주도로 새로 만든 G20 정상회의는 기존 선진국 모임체인 G7과 유럽연합 의장국과 신흥 시장국 12개 나라의 모임체입니다. 여기서 알 수 있듯이 신흥 시장국의 협력 없이는 세계경제의 안정을 이루기 어렵다는 것을 알 수 있습니다. 이처럼 G20의 등장은 경제력의 다원화와 세계경제의 상호 의존도가 커졌음을 뜻합니다. 이것이 과거와는 다른 세계화의 모습입니다.

새로운 국제경제 질서 및 민주주의의 필요

이처럼 세계화가 심화되면서 각국의 독자적 정책이나 공간, 민주적 정책 결정이 위협받고 있습니다. 시장은 통합됐지만 주권 국가의 정부는 통합되지 않았으며 이로 인한 시장과 정치 제도의 차이가 점점 커지고, 그 괴리가 현실의 여러 갈등으로 나타나고 있습니다. 지금 세계는 다시 20세기 초, 혹은 대공황 이후처럼 새로운 체제를 모색해야 할 대전환기에 놓여 있다고 볼 수 있습니다.

세계화와 국민국가 주권, 그리고 정치적 민주주의 이 셋을 동시에 다 이룰 순 없다는 이른바 '트릴레마(삼중고, trilemma)'에 직면하였습니다.[09] 즉 세계화가 진행되면서 정치적 민주주의와 국민국가 주권을 동시에 추구할 수는 없게 된 것입니

---

09) Dani Rodrik, 2011, The Globalization Paradox. Democracy and the Future of the World Economy, W.W. Norton & Company.

다. 세계화와 민주주의를 구현하려면 국민국가 주권은 포기해야 하며, 국민국가 주권을 유지하면서 세계화를 추진하려면 민주주의를 포기해야 하는 딜레마가 생기게 된 것입니다.

예를 들어, 한미 FTA에서 투자자-국가 소송제(investor-state dispute)라는 것을 도입했습니다. 투자자-국가 소송제는 외국 투자 기업이 현지의 불합리한 정책, 법으로 인해 재산적 피해를 입거나 투자 유치국 정부가 투자 계약, 협정 의무 등을 어겨 손실이 발생하는 것을 보호하기 위한 것으로 분쟁이 발생했을 경우 법원이 아닌 국제기구의 중재를 받는 제도입니다.

기업이 투자 유치국 정부의 정책으로 부당한 이익 침해를 당하면 해당국을 세계은행(WB) 산하 국제상사분쟁재판소(ICSID)에 제소하게 됩니다. 국제상사분쟁재판소(ICSID)의 중재부는 해당국에서 1명씩 추천해 2명, 협의를 통해 1명을 선정해 총 3명으로 이뤄지며, 협의가 불발되면 사무총장이 선정합니다. 투자자가 불만이 있으면 바로 국제 중재위원회로 갈 수 있기에 국내법이 무력화되는 문제가 발생합니다.

제소해서 투자자가 이기는 경우뿐 아니라, 제소 위협을 통해 정부의 양보를 받아낼 수도 있고, 투자 유치국 정부가 투자자의 제소가 두려워 미리 규제를 소극적으로 할 수도 있기 때문에, 이 제도가 정부 정책에 부과하는 제한은 무시할 수 없습니다. 게다가 이 제도에서 쓰는 국제 중재위원회라는 것이 세계은행을 통해 검증된 사람들로 구성되어 있지만, 결국 국제 인권재판소처럼 공공기관이 아니라 사적인 기관이기에 '경제 주권'의 차원을 넘어 공권력 무력화를 가져올 수

있습니다.[10]

유로존의 위기도 트릴레마의 문제를 보여줍니다. 현재 유럽의 어려움은 경제적 통합만큼 정치적 통합이 크게 뒤처진 상황에서 글로벌 금융위기가 닥쳤기 때문에 초래된 것입니다. 경제적 통합으로 유로존 회원국 간에 불균형이 심화되었고, 금융위기로 경상수지 적자가 심한 남유럽 국가들(그리스, 아일랜드, 이탈리아, 스페인, 포르투갈)에서 자본이 급작스럽게 유출되면서 재정 위기로 발전된 것입니다. 재정 위기를 겪은 남유럽 국가에 대해 독일 등은 재정을 보다 엄격히 관리할 것을 요구합니다. 그리고 유럽의 경제 통합을 유지하기 위해 독일이 남유럽 국가들에 요구하는 엄격한 재정 관리는 그리스 등 남유럽 국가의 주권을 제약하고 있습니다.

유럽연합(EU)에서 영국이 탈퇴하기로 결정한 브렉시트도 트릴레마의 문제를 보여주고 있습니다. 세계화를 수용한 특정 국가가 외국인 투자 자유화 등 글로벌 규칙에 국내 정책을 맞추면, 즉 국가 주권보다 세계화를 선택하면 경쟁에서 패배하는 집단이 생겨나게 마련이고, 정부가 다수의 지지 확보에 실패하면서 민주주의가 뿌리내리기 어렵게 됩니다.

반면, 세계화와 민주주의를 선택할 경우 국가 주권 제약은 불가피하게 됩니다. 2016년 6월 일어난 브렉시트는 세계화와 국내 정치가 충돌한 예입니다. 제조업이 많은 잉글랜드와 웨일즈 북부에서 브렉시트를 강력하게 지지했습니다. 또한 영국 정부가 난민 문제나 경제적 부담을 포함한 여러 사안에서 유럽연합의 결정을 수용하면서 국가 주권과 민주주의가 손상된 것에 대해 영국 국민들이 반발한 것입니다.

---

10) 장하준, 2011, "한·미 FTA 더 깊이 생각해야 한다", 경향신문 장하준 칼럼, 11월 8일자.

글로벌 금융위기에 따라 분열되고 있는 유럽연합

또 다른 예로서 다국적 기업에 대한 과세, 이른바 구글세 문제를 들 수 있습니다. 2016년 8월 말 유럽연합은 애플에 130억 유로의 과징금을 부과했습니다. 아일랜드 정부가 유럽연합의 규정을 어기고 애플의 세금을 깎아 줬으니 토해내라는 것입니다. 그러나 아일랜드 정부는 유럽연합이 회원국의 조세 주권을 침해했다며 수용을 거부하고 유럽연합 법원에 제소하겠다고 나섰습니다. 그 결과 아일랜드 내에는 유럽연합 탈퇴를 주장하는 이렉시트(Irexit) 주장이 나왔습니다. 세계화라는 입장에서 볼 때 유럽연합의 결정이 옳다고 볼 수 있지만 어쨌거나 아일랜드의 국가 주권과 양립하지 않는 모습이 나타나고 있는 것입니다. [11]

미국 45대 대통령 선거에서 트럼프의 당선도 세계화로 희생당한 미국 남부와 러스트벨트[12]의 블루칼라인 백인 서민층의 반란 결과였던 것입니다. 세계화로

11) 신민영, 2016, "세계화와 국내 정치는 양립할 수 없나," 중앙선데이, 9.25~9.26: 19.
12) 러스트벨트는 북동부 5대호 주변의 쇠락한 공장 지대이다.

인한 민주주의의 손상이 반세계화 물결로 이어지고 있습니다. 1989년 베를린 장벽이 무너지며 시작된 '세계화 프로젝트'의 세계 공동체에 대한 전망은 '소수의 승리자와 다수의 패배자로 양분'된 사회를 만들어 냄으로써 흔들리고 있는 것입니다.

02장

불평등을 심화시키는
신자유주의

세계화에 대해 더 자세히 알아보기 전에 먼저 신자유주의에 대해 알아야 합니다. 지금 세계화를 주도하고 있는 이데올로기가 신자유주의이기 때문입니다. 여기서 이데올로기란 개인이나 사회집단이 갖고 있는 '사회를 분석하는 기반이 되는 철학적 개념'을 뜻합니다. '신자유주의'라는 단어는 아마 많이 들어 봤을 것입니다. 2008년 미국에서 금융위기가 터진 후 신자유주의의 폐해에 대해 많은 전문가들이 이야기하기 시작했고 한동안 신문 등 언론에서도 신자유주의의 문제점을 얘기했습니다.

하지만 우리는 지금도 신자유주의 아래에서 살고 있습니다. 예를 들어, 비정규직이 늘어나고 빈부격차는 줄어들지 않았습니다. 노동자들의 삶은 나아지지 않고 돈은 기업에 쌓이고 있습니다. 이러한 것이 모두 '신자유주의' 때문이라는데 의문이 들 수 있습니다. 이제 신자유주의가 무엇인지, 그리고 그것이 현재 전 세계에 어떠한 영향을 주었는지 자세히 알아보고자 합니다.

자유주의와 신자유주의

신자유주의는 말 그대로 '새로운 자유주의'라는 뜻을 갖고 있습니다. 즉 자유주의의 새로운 버전이지요. 따라서 신자유주의를 알기 위해서는 자유주의라는 개념부터 알아야 할 것입니다. 자유주의의 기본적인 바탕이 되는 것은 개인주의입니다. 개인주의란 '개인을 사회와 사회제도 및 사회 구조보다 앞서는 것으로 보고 개인의 권리와 요구는 사회의 그것보다 도덕적으로 앞서는 것'[13]을 뜻합니다. 쉽게 말하면 '집단보다 개인이 우선'이라는 것입니다.

개인은 자신이 하고 싶은 것, 생각하는 것 등을 자유롭게 할 수 있어야 하며 집단은 이를 억압할 수 없습니다. 개인 하나하나를 중요하게 생각하기 때문에 모든 사람은 연결되어 있지 않고 독립적으로 분리되어 있다고 주장합니다. 동시에 자연과 인간도 분리합니다. 개인주의는 우리가 자연 안에서 다른 생물과 함께 살아가는 것이 아니라, 단지 자연은 과학적이고 객관적으로 판단할 수 있는 것이며 인간을 위해 사용할 수 있는 것이라고 말합니다.

도덕적인 가치 판단도 모두 개인에게 맡겨져 있습니다. 다만, '분리되어 있는 객체는 다른 객체와 동등한 자격을 가지고 있습니다'[14] 즉 모두가 동등한 가치를 갖고 있는 사람이기 때문에 자신이 판단하고 행동한 것이 다른 사람에게 피해를 준다면 이는 '자유'가 아닙니다. 예를 들어 우리는 다른 사람의 물건을 갖고 싶다고 자유롭게 가져갈 수 없습니다. 그러한 행위는 타인에게 피해를 주기 때문입니다. 따라서 이 개념이 없다면 개인주의와 이기주의는 같아질 것입니다. 하지만 그럼에도 개인주의는 사회에 있는 개개인이 자신의 욕망에 따라 움직이는 것을 주장하기 때문에 이기주의와 분리하기 힘들어 보입니다.

자본주의에서 이기심이 정당화되는 것도 모두가 독립적으로 분리되어 있다는 개인주의의 산물입니다. 즉 이기심이 사회를 파탄으로 이끌지 않는다는 애덤 스미스의 주장도 개인주의 사상에 기초하기 때문에 가능한 것입니다. 오히려 이

---

13) 노명식, 2011, 「자유주의의 역사」, 책과함께, p. 41.
14) 앞의 책, p. 52

기심은 '보이지 않는 손'(가격)에 의해 사회의 이익도 극대화시킬 수 있다고 주장합니다.

예를 들어 A씨는 빵집을 운영하고 있습니다. 그가 빵을 만드는 이유는 자신이 먹기 위해서가 아니라 빵을 팔아서 돈을 벌고 그 돈으로 자신이 원하는 물품을 살 수 있기 때문입니다. 그런데 빵을 맛없게 만들거나 가격을 너무 높게 책정해서 팔면 사람들은 빵을 사 주지 않을 것이고 A씨는 돈을 얻을 수 없을 것입니다. 그래서 A씨는 자신에게 필요한 물건을 사기 위해, 즉 개인의 이기적인 목적으로 빵을 맛있게 만들고 적절한 가격에 판매합니다.

이렇게 '보이지 않는 손'에 의해 가격이 결정됩니다. 이것은 각 개인의 이기적인 선택이 사회 전체를 이롭게 한다는 것을 의미합니다. 우리 사회에서는 보통 '이기적'이라 함은 다른 사람의 이익을 생각하지 않고 자신의 이익만 찾는 것을 뜻하기 때문에 이기적인 행동을 하는 것은 자신 외의 사람들에게 피해를 준다고 생각합니다.

그런데 애덤 스미스는 그러한 생각을 뒤집어 이렇게 말합니다. "당신은 이기적이어도 됩니다. 당신이 보이는 이기적인 행동이 사회 전체에 이로움을 줄 것입니다." 우리가 사용하는 '합리성'의 의미가 서양 사람들에게 "자신의 이익을 극대화시키는 최적의 선택인지를 가리는 개념"으로 정의되는 배경이기도 합니다.

그런데 여기서 개인이 독립적인 것이라면 그러한 개개인이 모인 사회는 어떻게 조화롭게 돌아갈 수 있는지 의문이 생깁니다. 자유주의자는 '사회'를 '개인들이 산술적으로 모인 하나의 허구'라고 정의합니다. 예를 들어, 칼 멩거가 경제학

을 수학이나 물리학처럼 하나의 정밀과학으로 본 이유도 '사회는 단지 각 개인
들로 이루어진 구성물에 불과하며, 사회현상의 하나인 경제현상은 개인들의 행
위 결과 혹은 총합'으로 보았기 때문입니다. 칼 멩거의 이러한 분석 방식을 '방법
론적 개인주의'[15]라고 부르곤 합니다.

　이처럼 자유주의자는 사회가 각 개인보다 더 나은 무언가를 창출할 거라고
생각하지 않습니다. 대표적 자유주의자인 칼 포퍼는 말했습니다. "사회과학의
대상은 전부는 아닐지라도 대부분이 추상적인 것이다. 그것은 이론적으로 꾸며
낸 것이다"[16] 즉 사회는 단지 개인이 모인 집합체 그 이상도 이하도 아니라는 것
입니다.

---

15)　Carl Menger, 1985, Investigations into the Method of the Social Sciences With Special Reference to Economics,
　　edited by Louis Schneider, New York University Press, p. 62.

16)　Karl Popper, 1961, The poverty of historicism, Routledge & Kegan Paul, p.135, 노명식, 2011, p. 56에서 재인용.

그럼 사회 또는 국가는 왜 만들어졌으며 어떻게 조화롭게 돌아갈 수 있는 것일까요? 자유주의자는 사회가 개인의 이익을 위해 만들어 낸 것이라고 말합니다. "사회와 정부는 인간이 발명해 낸 작품이며 개인이 그 이익에 따라서 이용하고 조작하게 되어 있다"[17]는 것입니다. 이에 따르면 사회의 역할은 단지 개인의 자유를 지키기 위해 움직이는 것이고, 사회는 절대 그 외의 것에 대해 간섭해서는 안 됩니다.

이러한 자유주의의 개념이 가장 잘 드러나 있는 것이 바로 시장경제 체제입니다. 칼 멩거의 '방법론적 개인주의'에서 지적했듯이 시장경제 체제에서 개인은 독립적 존재로 인지되며 서로 영향을 주지 않는다고 가정합니다. 따라서 개인 또는 기업은 자유롭게 원하는 행동을 선택할 수 있고, 국가는 사유재산을 보호하는 역할만 수행해야 하고, 그 이상의 국가 간섭은 오히려 개인에게 피해를 준다고 주장합니다. 설령 시장에서 문제가 발생하더라도 국가보다 개인이 더 잘 해결할 수 있을 것이라 주장합니다.

이제 자유주의가 무엇인지 이해가 되셨나요? 자유주의는 개인의 자유, 선택과 의견을 존중함으로써 세상을 발전시켜 왔습니다. 하지만 자유주의는 다른 사상과 마찬가지로 단점을 가지고 있습니다. 가장 큰 단점은 개인이 독립적이며 사회는 단지 그러한 개인들이 모여 있는 집단일 뿐이라는, 즉 개인의 합에 불과하다는 가정입니다.

우리 삶을 돌아봤을 때 과연 우리는 다른 사람에게 영향을 받지 않는 독립적인 사람이었나요? 우리가 생각하는 가치관이 우리 스스로 만들어 낸 것인가요?

---

17) Karl Popper, 1961, p. 58

우리는 어렸을 때는 부모님이, 청소년기에는 학교에서, 성인이 되고 나서는 대학교, 직장, 사회에서 영향을 받고 가치관을 만들어 냅니다. 즉 개인이 완전히 독립적일 수가 없다는 것입니다.

사회는 단순히 우리의 자유를 보장하는 것만이 아니라, 우리 삶에 계속 영향을 주는 더 큰 존재입니다. 개인주의는 개인의 이윤 극대화가 다른 사람 혹은 사회에 부정적 영향을 행사하거나, 혹은 협력을 통한 시너지를 간과하고 있습니다. 즉 우리는 사회 속에서 사람들과의 만남과 생각 공유를 통해 개인 혼자 할 수 없었던 많은 것을 해냅니다. 과거의 사람들, 그리고 지금 옆에 있는 사람들을 통해 더 기발한 발명을 할 수도 있고, 불합리한 일을 당했을 때(예: 기업으로부터 갑작스런 해고 통보를 받았을 때) 개인이 아닌 집단으로 싸워 이길 수도 있습니다.

무엇보다 기술 진보로 '초연결사회'가 되었고, 연결을 통해 새로운 가치를 만들어 내는 '연결 경제(네트워크 경제)'가 도래하고 있습니다. 즉 모든 것이 연결되면서 과거의 자체 완결적 생산방식에서 벗어나 글로벌 차원에서 외부의 생산 네트워크를 활용하는 이른바 '공장 없는 기업'이 글로벌 시장을 주도하고 있습니다.

개인의 이기적 경제 행위를 정당화한 애덤 스미스 혹은 개인의 이기적 성공 노력(자조론)에 정당성을 부여한 새뮤얼 스마일스의 인간관은 연결 경제에서 의미를 상실하였습니다. 마찬가지로 특정 기업이 가지고 있는 지속적인 경쟁우위는 그 기업이 지닌 독특한 집합적 자원에 의거해 결정된다는 자기 자원 중심의 기업 경영론도 의미를 상실하였습니다. 애플의 스티브잡스가 도입한 앱스토어 비즈니스 모델, 에어비앤비나 우버 등의 공유 비즈니스 모델 등에서 보듯이 연결

공장이 필요없는 앱스토어 비즈니스 모델

경제에서는 기업이 가진 아이디어 및 자원과 기업 밖의 아이디어 및 자원의 연결(협력과 공유)을 통해, 즉 자원의 공간적 제약을 넘어 새로운 가치를 창출하기 때문입니다. 즉 연결 경제는 타인의 이익을 보장해 줌으로써 자신의 이익 추구가 가능한 이타자리(利他自利)형 인간 혹은 파트너형 인간을 요구하고 있습니다.

한편 신자유주의는 자유주의가 기본 바탕이 되기 때문에 그 개념은 자유주의와 큰 차이가 나지는 않습니다. '개인의 자유를 보장하고 국가는 시장 개입을 최소화하라'는 것이 신자유주의의 개념입니다. 언뜻 보면 자유주의와 똑같습니다. 하지만 신자유주의가 등장한 배경을 본다면 차이를 알 수 있을 것입니다. 참고로 자유주의는 개인이 억압당했던 봉건시대 후에 생겨난 것입니다.

신자유주의가 부각되기 시작한 것은 1970년대입니다. 당시 세계경제는 침체에 빠져 있었습니다. 침체에 빠지기 전, 제2차 세계대전이 끝나고 1950~60년대 미국의 경제는 호황기였습니다. 그 이유로 경제학자들은 케인스의 경제 이론을 정부가 받아들였기 때문이라고 말합니다. 케인스의 경제 이론을 간단히 말하면, 시장은 불완전하기에 주기적으로 시장의 힘만으로 해결할 수 없는 상황이 도래하고, 이 경우 정부가 부족한 시장의 수요를 대신 만들어 내야 경제를 살릴 수 있다는 것입니다.

케인스의 이론이 부각된 것은 1929년 미국 대공황으로 세계경제가 무너졌을 때입니다. (이 부분에 대해 학자들 간 논란은 있지만) 케인스 경제 이론에 기초한 루스벨트의 뉴딜 정책은 미국 경제를 회복시키는 데 중요한 역할을 하였습니다. 루스벨트의 뉴딜 정책은 여러 경제 부흥과 복지 프로그램으로 구성되어 있으며 핵심 목표는 앞에서 소개했듯이 '3R(Relief, Reform, Recovery)'로 요약됩니다. '구제(Relief)'의 핵심 내용은 실직자와 고통 받는 농민에 대한 배려였습니다. 먼저 일자리를 창출하고 실업률을 떨어뜨리기 위해 공공공사관리국(Public Works Administration)을 설립하여 연방정부 주도로 댐이나 다리 등 거대 공사를 주도했습니다. 또 공공사업진흥국(Works Progress Administration)을 설립해 지방 정부와 연계하여 병원, 다리, 공원 등의 시설 공사에 투입될 비숙련직 일자리를 창출했으며, 더 나아가 음악, 미술, 연극 등 예술 산업에도 손을 뻗쳐 수많은 예술가를 지원했습니다.

그 결과 한창때는 수백만 명의 실업자에게 일자리를 제공했음은 물론 상대적으로 소수나 여성 또한 일자리를 마련 받아 경제 활동에 참여했고, 흑인 예술가가 정부 지원을 받아 예술계에 족적을 남기기도 하였습니다. 또한 농업조정법(Agricultural Adjustment Administration)을 통해 과잉 생산으로 나락에 빠져 있던 주요 농산물 가격을 생산 통제로 가격 안정을 노림과 동시에 직접적인 농업 구제 원조의 길을 열어 주었습니다.

'개혁(Reform)'의 내용은 전국산업부흥법(National Industrial Recovery Act)과 전국노동관계법(National Labor Relations Act), 그리고 사회보장법(Social Security Act) 등에 잘 드러나 있습니다. 전국산업부흥법은 행정부에게 각 산업마다 공정경쟁규약을 통해 과도한 경쟁을 억제할 수 있는 권한을 부여하고, 전국노동관계법은 단결권, 단체교섭권 등 노동자 권리 증진을, 그리고 사회보장법을 통해 국민에게 연금 등 전반적인 사회 안전망을 제공하는 복지 시스템을 구축했습니다. 또한 이러한 정책들을 지원 사격하기 위해 앞에서 소개했듯이 고소득자와 부자에게 세금을 크게 올리는 세제 개혁을 추진했습니다. 이밖에도 은행 개혁과 은행의 투기 규제를 위해 은행법(Banking Act)을 제정합니다. 그리고 이러한 구제와 개혁을 통해 경제 '회생(Recovery)'을 추구했던 것입니다. 미국 공화당 출신의 대통령이었던 리처드 닉슨조차 1971년에 이제 우리는 모두 케인스주의자라고 말할 정도로 케인스 경제 이론은 1960년대까지 전성기를 맞이했습니다.

이처럼 시장의 불완전성과 정부 역할의 필요성을 주장한 케인스 경제 이론은 자유주의와 충돌할 수밖에 없습니다. 때맞춰 1960년대 후반부터 미국 등 선진국 경제는 흔들리기 시작했고, 1970년대 초 세계경제위기가 돌아왔습니다. 케인스의 이론대로 정부 지출을 늘렸지만 경제는 회복되지 못했습니다. 그때 신자유주의자 하이에크는 "정부는 더 이상 시장에 간섭하면 안 되고, 개인과 기업이 더욱 자유롭게 시장에 참여할 수 있도록 해야 한다"고 말했습니다.

하이에크와 같은 입장을 가졌던 밀턴 프리드먼 등 신자유주의 경제학자들은 케인스의 이론이 잘못되었음을 비판하는 새로운 개념과 이론을 제시했습니다. 이들을 통화주의학파와 새고전학파로 부릅니다. 정부 지출의 확대로 경제를 살리지 못하자 미국과 영국 등에서 신자유주의 경제학자들의 주장을 받아들여 개혁을 추진했습니다. 바로 미국의 레이거노믹스와 영국의 대처리즘입니다.

그러나 1970년대 초 세계경제위기는 정부 지출로 해결할 수 있는 문제가 아니었습니다. 그 이전의 경제위기는 수요 부족에서 비롯된 것이라면 1970년대 초 경제위기는 석유 가격 폭등이라는 생산비 증가에서 비롯한 공급 충격에서 비롯한 것이기 때문입니다. 이른바 경기 침체와 인플레이션이 동시에 수반되는 '스태

그플레이션'이었습니다.

신자유주의 경제 정책은 노동시장의 유연화, 국영기업의 민영화, 감세, 복지 축소, 규제 완화 등 정부 역할의 축소와 시장 역할의 강화를 의미하는데, 그 결과 기업의 이익이 상승했으며 노동 소득은 하락했습니다.

그럼 신자유주의 경제 정책을 자세히 살펴볼까요. 첫째, 노동시장의 유연화를 말할 수 있습니다. 이것은 노동자를 '자유롭게' 또는 '좀 더 쉽게' 해고할 수 있게 한 것입니다. 노동시장의 유연화는 필연적으로 임금 상승률 둔화나 고용 안정성 약화 등으로 연결될 수밖에 없습니다. 노동 소득의 비중 하락이나 비정규직 증가 등으로 이어진 배경입니다. 정규직이 장기적으로 기업에서 일하는 근로자로 고용이 안정적이라면, 비정규직은 짧은 계약 기간 동안만 기업에 고용된 근로자이기에 고용이 불안정합니다.

비정규직 유형으로는 기약 없이 하루 일하고 벌어 생활하는 일용직 노동자, 근로 계약 기간이 정해져 있는 기간제 노동자, 근로 시간이 사업장의 소정 근로 시간보다 짧은 단시간 노동자, 파견법에 의해 파견 근로를 제공하는 파견직 노동자, 민법상 계약을 통하여 도급인의 정해진 업무를 수행하는 도급직 노동자, 파견 노동자와는 다르나 유사한 형태로 자신에게 일을 시키는 사장과 고용한 사장이 다른 간접 고용 노동자, 사실상 하는 일은 노동자와 별 다를 바가 없으나 법적으로 근로 계약이 아니라 자영업자와 계약을 맺고 있는 특수 고용직 노동자(예: 학습지 교사, 퀵서비스 및 택배 기사 등) 등이 있습니다.

우리나라 비정규직 노동자들은 고용 불안과 저임금 상황에 노출되어 있습니다. 비정규직 노동자는 정규직 노동자의 거의 절반 수준 급여를 받고 있으며, 사회보험 지원조차 제대로 받고 있지 못하기 때문입니다. 이는 독일 등에서 제도화된 동일 노동에 대한 동일 임금의 원칙이 정착되지 않고, 비정규직에 대한 사용조건을 엄격히 제한하지 않기 때문입니다.

주요 선진국에서 GDP 대비 노동 소득 비중의 추이

출처: Financial Times, http://blogs.ft.com/ftdata

둘째, 국영기업 민영화는 전기, 철도, 수도 등 '자연독점'으로 갈 수밖에 없거나 공공성이 강해 국가가 운영했던 산업을 기업에게 매각한다는 뜻입니다. '자연독점'이란 상품의 특성상 여러 기업이 생산하는 비용보다 한 기업이 독점적으로 생산하는 비용이 적게 들어 자연스럽게 생겨난 독점 시장을 말합니다. 즉 산업의 기술 조건 때문에 자연스럽게 독점 시장이 되는 산업을 말합니다.

이러한 산업을 민영화시키는 논리는 국영기업의 만성적인 비효율과 낭비, 부실 경영 등 이른바 '정부 실패'로 자원이 효율적으로 사용되지 않는다는 것입니다. 여기서 '정부 실패'란 시장에 대한 정부의 개입이 자원의 최적 배분 등 본래 의도한 결과를 가져오지 못하거나 기존 상태를 오히려 더욱 악화시키는 경우를 말합니다.

이들에 따르면 민간 소유주는 비용을 조금이라도 절약하면 그만큼 자기네 이윤이 증가하기 때문에 비용을 가급적 최소화하려 합니다. 경영진이 비용 최소화에 실패하면 소유주는 경영진을 교체합니다. 하지만 국영기업을 경영하는 관료가 경영을 잘못할 경우 손해를 보는 사람은 소비자와 납세자입니다.

국민이 국영기업 경영진에게 책임을 묻는 것은 정치적 경로를 통해서만 가능하지만 관료 집단 스스로도 하나의 이익집단이 되어 비용 절약을 위한 개혁에 저항할 것이기 때문에 투표함(정치적 동기)보다는 이윤 동기가 기업 경영을 잘하도록 유도하는 데 더 효과적이라는 것입니다. 이처럼 신자유주의자들은 '정부 실패'가 '시장 실패'의 정도보다 크기 때문에 독점 문제를 그대로 놓아두는 것(자유 방임)이 더 우월한 정책이라고 주장합니다.

그러나 '독점적 시장 상태인데도 정부에게 간섭하지 말라고 하는 자칭 시장주의자는 독점기업의 하수인 아니면 사이비 시장주의자'[18]라 할 수밖에 없습니다. 즉 신자유주의자들의 주장은 민주주의를 강화해 정치 실패를 교정하기보다

---

18) 이근, 2001, 『한국인을 위한 경제학』, 박영사, p. 141.

시장의 실패를 방치함으로써 사회적 후생 혹은 경제적 잉여의 감소를 방치할 뿐만 아니라 자본의 일방적 이익을 옹호하는 무책임한 견해입니다. 게다가 이들은 정부 실패가 시장 실패보다 크다고 주장하지만 정부와 시장 실패에 대한 구체적 측정이 뒷받침되는 경우는 거의 보기 어렵습니다.

사실 민간기업의 인센티브, 보상, 감독 체계 등이 국영기업보다 낮다는 근거도 없습니다.[19] 대규모 국영기업을 보유한 많은 국가들이 제2차 세계대전 이후 매우 훌륭한 경제적 성과를 보여주었습니다. 프랑스, 오스트리아, 핀란드, 노르웨이, 이탈리아가 그 대표적 사례입니다.

예를 들어, 오스트리아는 1950~80년대에 1인당 국민소득이 연간 3.9% 성장해 16대 경제 선진국 중에 2위를 차지했습니다. 이탈리아는 3.7%로 4위, 핀란드는 3.6%로 5위, 노르웨이는 3.4%로 6위, 프랑스는 3.2%로 7위를 차지했습니다. 또 개발도상국에서 가장 큰 국영기업 부문을 가진 대만은 제2차 세계대전 이후 세계에서 가장 빠르게 성장한 나라 중 하나입니다. 따라서 민영화를 이념적으로 접근할 것이 아니라 민영화 비용을 포함해 경제적으로 합리적인지 심사숙고해야 합니다.

정부에서는 수익성이 가장 떨어지는 국영기업을 매각하고 싶겠지만 민간 부문에서는 수익성이 가장 높은 국영기업을 매입하려 할 것입니다. 정부 입장에서 골치 아픈 기업은 민간 자본에게도 마찬가지이기 때문입니다. 그래서 정부는 실적이 나쁜 국영기업에 관심을 가질 수 있도록 상당한 자금을 투입하는 경우가 종종 있습니다. 국영기업이 외국 투자자나 국내 내부자에게 헐값으로 팔리는 경

---

19) 장하준·아일린 그레이블, 2008, 『다시 발전을 요구한다』, 이종태·황해선 역 , 부키.

우가 많은데 이런 거래는 상당한 부패를 동반하기도 합니다.

경험적으로 정부의 역할은 국가에 따라 상이하게 나타나고, 국가 개입의 질은 기본적으로 민주주의 제도의 질에 의존합니다. 예를 들어, 정부 실패는 '정치 실패'의 결과물로, 이는 민주주의의 결핍에서 비롯하기 때문입니다.[20] 정부 실패 혹은 정책 실패를 악화시키는 주요 요인으로 흔히 '비밀주의'를 지적합니다. 신뢰할 수 있는 책임 부여를 어렵게 하는 비밀주의는 근본적으로 소수에게 집중된 의사 결정에서 비롯합니다.

투명성이 담보되지 않을 때 부정과 부패 그리고 비효율이 만연될 수밖에 없고, 신뢰가 형성되기 어렵습니다. 아무리 공정하고 효율적으로 결정된 정책이라 하더라도 그 과정이 외부에 투명하게 밝혀지지 않으면 신뢰할 수 없는 것과 같은 이치입니다. 정책을 정책 결정자 또는 집행자의 주관과 양식에 맡길 수밖에 없는 상황에서는 장기적으로 비효율과 부패를 피할 수 없습니다. 실제로 권위적인 정부일수록 부패에 대한 공공의 압력에 별로 반응을 보이지 않기 때문입니다. 따라서 정부 실패를 방지하고 정부의 역할을 통해 효율성 개선을 획득하기 위해서는 여론 형성에 더욱 많이 참여하여 정부의 정책 결정 과정을 좀 더 개방적이고 투명하게 민주적으로 만들어야 합니다.

1965~97년간 173개 국가들을 대상으로 각국의 시장경제와 민주주의의 요소들이 경제 성과에 어떠한 영향을 미쳤는가를 살펴본 실증 분석[21]에 따르면 경제 자유화가 높을수록 1인당 국민소득 성장률이 높다는 것을 확인시켜 주지는 않습니다. 즉 '정부 없는 시장'만 강조하는 것은 '계획 실패'와 '정부 실패' 그

---

20) 최배근, 2015, 『탈공업화 시대의 경제학 강의: 시장이론에 대한 비판적 이해』, 법문사, 107~109쪽.

21) 최배근, 2004, "민주주의와 시장경제 그리고 경제성과의 관계," 『산업경제연구』 제17권 제3호, 한국산업경제학회.

리고 '정부 실패'와 '정치 실패'를 구분하지 못하는 극단적 '시장주의'에 불과할 뿐입니다. 반면, 부패지수와 1인당 국민소득의 연평균 성장률의 관계를 살펴본 결과 부패 정도가 낮은 국가일수록 성장률이 높다는 사실을 확인할 수 있습니다. 이는 최근 김영란법을 도입한 배경이기도 합니다.

셋째, 복지 축소는 말 그대로 복지를 위해 쓰는 정부 지출을 줄인다는 말입니다. 복지를 축소시킨 이유는 세금 때문입니다. 복지를 위해서는 세금이 필요한데, 세금을 가장 많이 받을 수 있는 방법은 기업과 고소득자에게 세금을 매기는 것입니다. 그런데 기업이 자유롭게 시장에 참여하려면 세금이 적어야 합니다. 레이건 행정부가 소득세의 최고 세율을 70%에서 33%로 삭감했고, 대처 정부는 80%에서 40%로 내렸습니다. 그래서 신자유주의 정책을 펼치는 정부는 수입이 줄었기 때문에 지출을 줄여야 했습니다.

국영기업의 민영화로 전기세나 수도세가 올라가게 되면[22] 우리가 자유롭게 쓸 수 있는 돈이 줄어드는 것처럼 복지 축소도 마찬가지입니다. 사실 개인의 지출은 기업 등 시장에서 획득하는 임금과 더불어 국민연금, 어린이집 보육료 지원금, 실업 급여, 건강보험 서비스 등 국가와 사회로부터 받는 현금이나 서비스 복지 혜택인 '사회 임금'에도 의존합니다. 복지 축소는 사회 임금의 축소를 의미하는 것입니다.

2012년 기준 우리나라 사회 임금은 가계의 (가계가 세금, 사회 보험료 등을 다 낸 뒤 남아서 직접 쓸 수 있는 돈인) 가처분소득의 12.9%인 것으로 집계됐습니다.[23] 예를 들어 서울에 사는 ㄱ씨 가구의 가처분소득이 100만 원이면, ㄱ씨 식구들이 회사를 다

---

22) 기업은 이윤 추구를 목적으로 하기 때문에 독점기업일 수밖에 없는 상황에서는 가격을 높게 책정할 수 있습니다.

23) 민병두, 2014, "한국의 사회임금 12.9%, OECD 평균의 1/3에도 못 미쳐," 국정감사 보도자료.

녀서 받은 월급이나 장사를 해서 벌어들인 돈 같은 '시장 임금'이 87만 1000원이고, 정부가 복지 혜택으로 지원한 '사회 임금'은 12만 9000원이라는 뜻입니다. 이는 OECD 평균인 40.7%의 1/3 수준에도 미치지 못하는 것으로 회원국 가운데 칠레 다음으로 낮은 것입니다. 주요 나라의 사회 임금을 보면 스웨덴이 51.9%로 가장 높고, 프랑스 49.8%, 독일 47.5%, 영국 37.8%, 미국 25.0%, 칠레 11.3% 수준인 것으로 나타났습니다.

또한 복지 축소의 예로 실업 급여 감소를 들 수 있습니다. 앞에서 말한 노동 시장 유연화를 더 활성화시키는 방법은 실업자를 늘리는 방법이었고, 실업자들이 적은 임금으로도 일하게 만들기 위해서는 실업 급여를 줄이면 됩니다. 실업자가 늘어나면 낮은 임금을 제시해도 일할 사람이 많아지기 때문에 비정규직을 더욱 늘릴 수 있습니다. 그래서 정부는 실업 급여 등 복지 부분을 줄인 것입니다.

흔히, 미국 실업률이 유럽보다 낮은 이유로 미국의 노동시장 유연화를 지적하곤 합니다. 즉 1980년대 신자유주의에 기초한 레이거노믹스는 미국의 높은 실업률이 노동에 대한 과보호에서 비롯되었다고 보며, 임금 보조금이나 공공 고용 프로그램 등을 축소하고 실업 급여를 최대 27주까지만 지원할 수 있게 축소합니다.

그 결과 직장 중심의 의료보험 체계를 가진 미국에서 실업자가 될 경우 실업 급여 지원도 단기간 내 끝날 뿐 아니라 의료 서비스가 중단되기 때문에 자신이 원하는 임금 수준과 일자리가 아니더라도, 즉 눈높이를 낮추어서라도 적극적으로 새로운 일자리를 찾아야만 합니다. 이것이 미국 노동시장 유연화의 불편한

진실입니다.

넷째, 정부 역할의 축소는 공격적인 규제 완화로 나타납니다. 규제 완화는 기업이 무엇인가를 생산할 때 규제되는 것들, 환경 규제나 산업 현장 규제, 금융 규제 등을 완화시킨다는 것입니다. 예를 들면, 레이건은 태평양 북서부 지역에서 수백 년 동안 성장해 온 나무의 벌목량을 두 배로 늘릴 것을 제안하였을 뿐 아니라 백악관 자문기구인 환경질위원회(Council of Environmental Quality)의 전 직원과 환경보호청 직원의 4분의 1을 해고하고 운영 예산의 3분의 1과 연구 기금의 2분의 1을 삭감해 버렸습니다.

경제 성장과 고용 창출을 위해서는 환경 파괴를 감수할 수밖에 없다는 이러한 조치들이 기업의 환경 파괴를 조장하는 결과를 초래한 것은 분명한 사실입니다. 또한 1980년대 미국에서 항공기 사고가 급증했던 것도 산업 현장의 안전에 대한 규제 완화의 산물이었던 것입니다. 무엇보다 1980년대부터 미국의 재무부 장관이 월가 출신으로 채워지면서 금융 규제가 공격적으로 완화되었고, 이는 금융위기의 원인으로 작용했습니다.

이처럼 규제 완화 같은 경우 '개인'과는 전혀 상관이 없습니다. 신자유주의자들이 생각하는 개인의 자유가 사실 기업의 자유를 의미하는 것 같습니다. 기업이 노동자를 쉽게 해고할 수 있거나 임금을 줄일 수 있다면 우리의 자유는 그만큼 줄어듭니다. 또한 국가의 개입을 줄인다는 말은 약자를 보호하지 않겠다는 말과 같습니다. 위의 정책들을 통해 기업은 자유롭게 이윤을 창출하겠지만, 그만큼 노동자는 피해를 입고 약자가 될 것입니다.

예를 들어 노동자 A씨와 회장 겸 경영자 B씨가 있습니다. 기업을 잘 다니고 있던 A씨는 어느 날 해고당합니다. 정부가 노동시장 유연화 정책을 펼치면서 B씨가 비정규직을 늘리기로 결정한 것입니다. 비정규직의 임금이 정규직보다 더 싸기 때문에 비용을 줄일 수 있습니다.

B씨는 A씨에게 말합니다. "더 일하고 싶으면 비정규직으로 일하시오!" 경기가 어려워 다른 일자리를 구할 수 없던 A씨는 결국 다시 회사로 돌아오지만, 전과 같은 일을 하면서 더 낮은 임금을 받게 됩니다. 하지만 같이 해고되었던 동료들 중에는 해고를 당하고 실업자로 살아가는 사람도 있습니다.

이들은 모두 신자유주의 정책으로 생겨난 약자입니다. 자신의 잘못이 아닌

기업의 이윤 추구와 이를 허용한 정부에 의해 약자가 된 사람들을 국가는 보호해 주어야 합니다. 그런데 신자유주의 정책 중 하나인 복지 축소로 국가는 이들을 보호해 주지 않습니다. 소득 불평등이 심화된 배경입니다.

이러한 신자유주의는 1970년대 미국에서 시작하여 세계화와 함께 전 세계로 뻗어 갔습니다. 신자유주의가 확산되기 시작하던 시점은 선진국에서 제조업의 수익률이 하락하는 시점과 일치합니다. 제조업의 수익률 하락은 공급 과잉에서 비롯하였고, 이는 신자유주의의 대외 정책인 무역 자유화와 자본 이동의 자유화(자본시장 개방) 등으로 이어집니다. 무역에 있어서 선진국과 후진국 간 시장 개방의 차이를 더 이상 인정하지 않고, 제조업 중심의 무역에서 농업과 서비스, 그리고 지적재산권까지 교역 대상이 확대되었습니다.

다른 한편, 제조업의 수익률이 하락하면서 자본이 제조업에서 이탈하기 시작했습니다. 정보통신기술 및 금융 상품의 발달과 더불어 자본시장 개방으로 더 많은 이윤을 창출하기 위해 임금이 더 저렴한 국가에 가서 공장을 세우고, 금융 상품에 투자하게 됩니다.

글로벌 기업이 돈을 많이 벌수록 저개발국 노동자의 희생은 커질 가능성이 높습니다. 대개 선진국은 자본을 저개발국에 단기로 투자하고 싶어 합니다. 저개발국은 위험도가 큰 만큼 많은 돈을 벌 수 있습니다. 그런데 저개발국은 초기에 자본시장을 개방하지 않았습니다. 상이한 금융시스템을 가진 저개발국이 외환 보유액을 충분히 확보하고 있지 못할 경우 자본의 급격한 유출·입은 혼란과 위기로 이어질 수 있기 때문입니다. 예를 들어, 달러가 갑자기 들어오면 달러 가치가 떨어지면서 수출 경쟁력이 악화될 수 있습니다. 달러 가치가 하락한다는 것은 자국의 화폐 가치가 상승한다는 것이며, 자국 돈으로 표시되는 상품 가격도 비싸진다는 뜻이기 때문입니다.

그런데 돈을 많이 벌고 싶어 하는 선진국 자본은 높은 수익을 창출할 수 있는 저개발국의 자본시장 개방을 강요합니다. 대표적으로 우리나라에서 발생한 1997년 IMF 사태를 예로 들 수 있습니다.

세계화를 표방하고 있었던 당시 김영삼 정부는 자본시장 개방이 준비되지 않았음에도 OECD 가입을 위해 세계화를 적극 수용하고 자본시장 개방을 본래 일정보다 가속화합니다. 그 결과 무분별하게 투기성 달러가 유입됩니다.

투기성 달러는 우리나라 경제가 조금이라도 위험하다고 예상되면 빠르게 빠져나갈 수 있습니다. 결국 1997년도에 우려했던 일이 벌어졌고, 우리나라는 외환위기를 겪게 됩니다. 그때 IMF는 우리나라에게 돈을 빌려줄 테니 신자유주의 정책을 추진하라고 요구합니다. 그 결과 정부는 외국 기업이 쉽게 우리나라에 들어올 수 있게 하고, 자본 및 외환 시장을 완전히 개방했으며, 긴축재정을 실시했습니다. 또한 기업은 구조조정과 비정규직을 확대시켰습니다.

구조조정으로 많은 사람이 실직당하거나 파산했으며 이는 가족 붕괴 등으로 이어졌습니다. 지금은 흔히 볼 수 있는 거리의 노숙자가 이때 발생한 것입니다. 신자유주의가 확산되면서 선진국과 개발도상국 간, 그리고 자산을 많이 가진 부유한 사람과 노동자로 일하는 가난한 사람 간 격차가 심화되었습니다. 돈이 있어야 돈을 벌 수 있는 세상, 그것이 바로 신자유주의입니다.

2016년 6월 IMF는 신자유주의 일부 정책은 불평등을 증가시킴으로써 성장 지속을 불가능하게 만들었다고 반성했습니다.[24] 물론 IMF는 글로벌 무역 증가는 수백만 명을 빈곤으로부터 구출했고, 외국인 직접 투자는 개발도상국에게 기술 및 노하우를 이전시키는 훌륭한 방법이었다고 말합니다. 또한 공기업의 민영화는 많은 경우 공기업이 수행하였던 서비스의 효율적 제공 및 국가 재정 부담 완화에 기여하였다고 말합니다. 하지만 동시에 신자유주의 정책은 빈부격차와 불평등을 증대시킴으로써 지속적인 성장 가능성을 훼손했다는 사실을 인정한 것입니다.

더 중요한 것은 자유시장의 이상을 복원시켰던 레이건과 대처를 신자유주의의 적자인 앵글로색슨 보수주의가 매장[25]시키고 있다는 점입니다. 즉 레이건('위대한 미국 정신의 재현')을 존경하는 트럼프('위대한 미국')의 주장은 전통적 보수주의도, 레이건주의도 아닌 그저 우익 포퓰리즘(우익 대중주의)에 불과합니다. 영국의 총리 테레사 메이는 속박을 받지 않는 자유시장을 신뢰하지 않고 이기적 개인주의에 대한 추종도 거부하며 대처리즘(민간의 자율적 경제활동을 중시하는 경제 개혁 추진 정책)과 절연을 선언했습니다.

자유시장과 자유무역, 사람의 자유로운 이동에 따른 이득에 대한 자신감이 신자유주의의 고향인 앵글로색슨 자본주의에서 사라지고 있는 것입니다. 그토록 신자유주의가 찬양하였던 글로벌 사고가 신자유주의의 고향에서 후퇴하고 점점 부족화되며 철저히 황폐화되고 있습니다.

이 모든 것은 지난 40년에 걸쳐 서구 사회에서 무엇인가 잘못 진행되고 있으

---

24) Jonathan D. Ostry, Prakash Loungani, and Davide Furceri, 2016, "Neoliberalism : Oversold?" IMF, Finance and Development (June).

25) Martin Wolf, May 25, 2017, "Conservatism buries Ronald Reagan and Margaret Thatcher," Financial Times.

며, 경제적 노하우의 진보에 대한 서구의 독점이 지속될 수 없음을 보여주는 것입니다.

다국적기업(카라반 자본주의)으로 인한 폐해

세계화와 신자유주의는 세계를 하나의 시장으로 만들었습니다. 상품은 국가와 상관없이 어느 곳이든 구매하고 판매할 수 있습니다. 생산과 판매에 국경이 사라진 것입니다. 글로벌 기업도 자본만 있다면 원하는 곳에 공장을 세울 수 있습니다. 그들은 가장 임금이 싸고 노동환경이 열악한 국가에 공장을 세웁니다.

노동 환경이 열악하다는 것은 노동자의 이익을 위해 싸우는 노동조합이 없고, 어린아이를 고용해서 쓸 수 있고, 노동자를 보호하는 사회복지 제도가 없는 곳을 말합니다. 한편 글로벌 기업은 본국의 기존 공장을 없앱니다. 더 저렴한 임금이 있는 나라에 공장을 세웠기 때문입니다. 따라서 기존 공장의 노동자들은 갑자기 일자리를 잃게 됩니다. 실제 이러한 이유로 "미국 노동자 60~70퍼센트가 지난 세대 동안에 임금 동결이나 실질임금 하락을 겪었습니다"[26]

기업의 최고 목적은 '이윤 극대화'이기 때문에 노동자의 삶 따위는 고려할 필요가 없습니다. 글로벌 기업에게 노동자는 '비용'일 뿐입니다. 마찬가지로 글로벌 기업은 자연환경이 망가지는 것도 고려하지 않습니다. 환경 규제가 강한 나라에

---

26) 데이비드 스즈키·홀리 드레슬, 2009, 『벌거벗은 원숭이에서 슈퍼맨으로』, 한경희 역, 검둥소, p. 417.

서는 환경을 오염시킨 만큼 정부에 돈을 지불해야 합니다. 반면 환경 규제가 약할수록 기업의 '비용'은 줄어드는 것이기 때문에, 글로벌 기업은 환경 규제가 약한 나라에 공장을 세웁니다.

글로벌 기업은 말합니다.

"자유무역이 가능해야 한다, 무역 장벽을 없애 공정한 게임을 해야 한다. 그래야 소비자들이 더 저렴한 가격으로 상품을 사고, 그 결과 전체 효용은 증가될 것이다. 노동 규제, 환경 규제 등 규제를 완화하고 세금을 낮춰라. 그렇지 않으면 우리는 해외로 나갈 것이고 많은 노동자들이 일자리를 잃게 될 것이고 경제 성장도 힘들어질 것이다."

글로벌 기업은 '이윤 극대화'를 위해 정부와 노동자를 협박합니다. 여기서 중요한 점은 글로벌 기업에서 일하고 있는 노동자가 곧 기업에서 만들어 내는 상품을 구매하는 소비자라는 것입니다. 노동자를 해고하고 임금을 감소시키는 것은 결국 기업의 이윤을 감소시키고 경기 침체로 이어지게 만듭니다.

그러나 기업은 자신의 과도한 이윤 추구와 노동자의 생계 압박이 국가 경제 전체의 침체로 이어지는 것에 관심이 없습니다. 즉 기업의 이윤 극대화가 반드시 국민 경제 전체의 이윤 극대화로 연결되지 않는다는 것입니다.

우루과이라운드 협상에서 무역 규제를 완화시키기 위해 만들어진 WTO

사라져 가는 고유문화

세계화로 인해 우리는 해외로 나가지 않더라도 인터넷과 텔레비전 등을 통해 자유롭게 다른 나라의 문화를 접할 수 있습니다. 다른 문화를 접하는 것이 쉽다는 건 매우 좋은 일입니다. 그런데 무슨 일인지 세계의 문화가 선진국 문화로 통일되는 것 같습니다. 우리나라만 보더라도 간판과 광고에는 영어가 즐비해 있고, 영화관에서는 할리우드 영화가 상영되고 백화점에는 미국 브랜드가 많이 들어와 있습니다.

왜 우리나라 문화는 사라지고 미국 문화가 점령하게 된 것일까요? 이는 문화를 팔아 이윤을 남기려는 글로벌 기업과 미국의 이데올로기를 심기 위한 미국 정부의 노력 등으로 발생한 것입니다. '문화'를 판매할 수 있는 방법으로 영화, 텔레비전 프로그램, 광고, 애니메이션, 옷 브랜드 등을 들 수 있습니다. 모두 기업이 이윤을 창출할 수 있는 상품들입니다.

글로벌 기업은 이윤 극대화를 위해 시장이 커지기를 원합니다. 그 기업의 기반이 되는 선진국 정부는 개발도상국 시장을 개방시켜 '문화'가 자유롭게 들어올 수 있도록 합니다. 1986년 시작된 우루과이라운드 협상에서 세계무역기구인 WTO가 만들어졌습니다. WTO는 무역을 더욱 확장시키기 위해 무역 규제를 완화했는데, 그 결과 글로벌 기업이 제 3세계 국가의 정부 허가 없이도 문화를 들여올 수 있게 되었습니다.

미국에서 판매하는 문화는 '미국이 세계의 중심'이라는 메시지를 가지고 있습니다. 할리우드에서 만드는 영화를 생각해 봅시다. 외계인이 지구에 침략하면 이를 막는 것은 미국 정부 또는 미국의 영웅입니다.

문화 확산 이론에 따르면 "문화 영역에서는 국제적인 유통을 제한하지 말아야 한다. 자유 경쟁에 입각하여 우수한 문화는 자연스럽게 열등한 곳으로 흘러가기 때문이다. 국제간 문화와 정보 유입 현상은 자유시장 논리에 의하여 그 영역을 확장해 나가고, 그에 따라서 발생하는 국제간의 정보, 문화 불균등은 불가피하다"[27] 고 합니다. 문화가 열등하다면 자유로운 시장 체제 안에서 사라지는 것은 당연한 것이라는 말입니다. 이는 문화가 우열을 가릴 수 있다고 말하는 것과 같습니다.

그런데 한 국가의 문화는 그 나라의 기후, 풍습, 이웃나라와의 관계, 지리, 역사 등에 의해 만들어집니다. 우열을 가릴 수 없는 것이 바로 문화입니다. 그런데 우리는 미국과 유럽의 문화가 우월하며 아시아나 아프리카, 남아메리카 국가의 문화는 열등하다고 느낍니다. 우리는 자연스럽게 우월하다고 생각하는 문화를 따르고 싶어집니다.

어떤 문화가 열등하고 어떤 문화가 우월한지 우리는 어떻게 알까요? 왜 이렇게 인식하게 되었을까요? 보통 선진국 기업이 후진국 기업에 비해 돈과 자본이 많습니다. 어떤 개발도상국이 시장을 개방했을 때 선진국 기업이 '자신의 문화'를 판매할 수 있는 힘이 더 큽니다. 그리고 더 많은 돈을 벌기 위해 판매하는 문화 속에 선진국이 더 우월하다는 가치관을 심어 놓습니다. 그래야 개발도상국 사람들이 그 문화를 더 많이 소비하기 때문입니다. 반면 개발도상국은 자본이 없기 때문에 문화 시장을 개방하더라도 외국에 자신의 문화를 팔 힘이 없습니

---

27) 임동욱, 2012, 「세계화와 문화제국주의」, 커뮤니케이션북스, p. 11.

한 국가의 문화는 그곳의 기후, 풍습, 이웃나라와의 관계, 지리,
역사 등에 의해 만들어지므로 우열을 가릴 수 없으며
다양성을 존중받아야 한다.

다. 그렇기 때문에 선진국 문화가 더 많이 더 빠르게 퍼졌고, 더 우월하게 보이기

시작한 것입니다.

　이윤을 창출하고자 하는 글로벌 기업과 선진국 정부에 의해 각 나라가 갖고

있던 고유의 문화는 사라지고 선진국의 획일화된 문화가 전 세계를 지배하게 되

었습니다. 문제는 문화의 지배가 의식의 지배로 이어지고, 여기에는 미국의 제도

를 세계의 표준으로 삼으려는 의도가 숨어 있다는 점입니다. 이것이 미국의 기

준·규격을 세계 표준으로 삼아 비즈니스를 유리하게 전개하려는 '글로벌 스탠더

드' 개념입니다.

　그 결과 일부 국가에서는 미국 제도와의 차이를 스스로 열등한 것으로 간주

하고, 미국 제도들을 무비판적으로 수용하는 잘못을 저질렀습니다. 우리나라의 경우도 외환위기 이후 개혁 차원에서 새로운 제도들이 도입되었는데 대부분 우리나라 현실에 맞지 않았습니다.

예를 들어 외환위기의 주요 원인으로 지적됐던 재벌 기업의 과도한 차입 경영 문제를 개선하기 위해, 김대중 정부는 재벌 개혁의 핵심으로 부채 비율을 200% 이하로 축소하는 것을 추진했습니다. 그런데 기업의 적절한 부채 비율이 200%라는 주장은 경제학이나 경영학 어디에도 없습니다. 차입보다는 주식 발행을 통해 자금을 조달하다 보니 기업의 평균 부채 비율이 200%를 넘지 않았던 미국 및 영국 기업을 기준으로 삼은 것입니다. '문화의 획일화'가 '의식의 식민화'로 이어지고 있음을 보여주는 것입니다.

03장

자유 무역이
정말 가능할까?

자유무역을 주도하는 국제기구들

몇 년 전부터 자유무역을 위해 세계 각국은 서로 협상을 맺어 왔습니다. 자유무역이 자국에게 이익이 된다고 생각했기 때문이죠. 왜 자유무역이 이익이 될까요? 자유무역이란 국가 간 무역을 하는 데 진입 장벽이 없는 것을 말합니다. 진입 장벽의 예를 들면 한국으로 들어오는 외국 상품의 가격에 세금을 붙여 원래 가격보다 높은 가격으로 소비자가 구매하게 만들거나, 수입량 자체를 규제하는 것이 있습니다.

이러한 규제를 하는 이유는 자국 산업을 보호하기 위해서입니다. 세금을 붙여 외국 상품 가격이 비싸진다면 국내산 상품을 더 소비할 것이고, 수입량 자체를 규제해도 공급 부족으로 가격이 올라가기 때문에 역시 같은 결과를 얻을 수 있습니다. 하지만 이러한 규제는 소비자에게 좋지 않습니다. 같은 상품을 더 비싸게 주고 사야 하거나 선택의 폭이 좁아지기 때문입니다. 즉 소비자의 효용이 감소하게 됩니다. 이런 논리로 사람들은 자유무역이 필요하다고 주장하기 시작했고, 이를 관철하기 위해서 선진국을 중심으로 국제통화기금(IMF), 세계무역기구(WTO) 등을 만들었습니다.

제2차 세계대전 이후 자유무역의 전도에 앞장 선 대표적 국제기구가 IMF입니다. 일반인들에게 매우 친숙한 국제기구입니다. IMF는 제2차 세계대전이 끝나기 직전인 1944년에 브레튼우즈 협정에 따라 설립되었고, 1945년 12월에 정식으로 출범되었습니다. 이른바 '브레튼우즈 체제'의 한 축을 이룹니다.

브레튼우즈 체제는 금 1온스의 가치를 미국 화폐 35달러로 고정하고 나머지 통화의 가치는 달러에 고정되는 금본위 체제를 말합니다. 브레튼우즈 협정 이전에 각국 정부는 금을 보유하고 자국 통화를 금으로 교환해 줬다면 협정 이후에는 사실상 달러만 금으로 교환된다는 것입니다. 다른 나라들은 교역 지급 수단으로 달러를 보유하기 시작했습니다. 달러 기축통화(국제간의 결제나 금융거래의 기본이 되는 통화) 시대가 열린 것입니다.

IMF는 세계무역 안정을 목적으로 설립된 국제통화기금입니다. 즉 교역 여건을 조성하는 첫 번째 국제 공식 기구라는 점에서 세계화의 기치가 본격적으로 내걸린 것입니다. 무역을 하다 보면 적자가 발생할 수 있고, 무역 적자는 해외에서 차입한 외환 등으로 메울 수밖에 없습니다. 그런데 차입한 외환이 회수될 경

세계무역 안정을 목적으로 설립된 국제금융기구 IMF

우 외환 확보나 통화가치 급락 등 어려움을 겪을 수 있습니다. 이때 IMF가 외환 자금을 빌려주어 외환시세 안정을 지원할 수 있습니다. 국제수지의 균형 회복을 지원함으로써 국제무역을 성장시키고 국제금융 협력을 이룩하려는 것입니다.

초기 외환시세의 안정은 고정환율제 유지에 목표를 두었습니다. 고정환율제는 지금처럼 환율이 수요와 공급에 따라 자유롭게 움직이는 것이 아닌, 환율이 일정 범위를 넘으면 정부나 중앙은행 차원에서 환율시장에 개입하는 것을 말합니다. 이러한 고정환율제는 달러가 신뢰를 잃어 가치가 폭락하고, 미국이 금태환 (달러와 금을 교환하는 것) 정지를 선언함으로써 브레튼우즈 체제가 붕괴될 때까지 계속되었습니다.

IMF의 또 다른 중요한 역할은 국제 거래에서 자금이 부족한 회원국에 대출해 주는 것입니다. 어떤 나라가 외국에 돈을 갚지 못하는 상황이 교역 위축으로 악화되지 않으려면 환율이 조정될 때까지 시간을 벌어 줄 자금이 필요합니다. IMF 출범 전부터 이런 국제적 대출의 필요성에 공감대가 있었지만 구체적 운영 방식에 대해서는 상반된 견해가 있었습니다.

당시 가장 강력한 채권 국가였던 미국은 IMF가 일반적인 은행과 다를 바 없이 운영되길 원했습니다. 즉, 확실한 대출 상환을 우선시했고 결국 IMF의 대출 제도는 최대 의결권을 가진 미국의 의도에 가깝게 설계됐습니다. IMF의 대출 조건이 너무 가혹하다는 비판을 받는 배경입니다. 특히 IMF에서 돈을 빌려야 하는 상황이면 해당국의 신용은 이미 땅에 떨어진 후이기에 돈을 상환받기 위해 IMF는 해당국에게 재정 긴축, 시장 개방, 민영화 등 구조조정을 요구하였습니다. 즉 IMF의 구제금융을 받기 위해서 해당국은 경제적 자주권을 박탈당할 수밖에 없는 것입니다.

국제금융 협력은 철저하게 미국의 이익 중심 논리에 불과합니다. IMF는 수차례 자신의 입장을 바꾸었는데 이것 역시 미국의 이해에 바탕을 둔 것이었습니다. 예를 들어, 브레튼우즈 체제가 붕괴한 후 미국은 변동환율제를 택했으며 IMF도 자본 이동 자유화를 지지하는 방향으로 선회했습니다. 미국은 환율 변동성이 증가하더라도 달러를 필요한 만큼 공급할 수 있기에 원천적으로 달러 부족 문제에서 자유로웠습니다. 또한 자본 흐름이 자유로울 경우, 즉 자본시장이 개방될 경우 미국 월가의 수익 기회가 증가하기 때문입니다.

변동환율제 도입으로 외환위기의 빈도가 증가하였고, 1980년대부터 IMF에 대해 부정적인 인식이 확산되기 시작합니다. 1980년대 초 멕시코를 필두로 여러 개발도상국이 외환위기에 처했는데 IMF는 구제금융을 지원하는 대신 미국식 시장경제를 강요했습니다. 그리고 1990년대 말에 아시아 외환위기에서도 IMF는 같은 방식으로 구조조정 및 신자유주의 체제를 강요했습니다. 외환위기가 외국 투기자본과 해당 국가 정부의 무능 때문에 발생했음에도 구조조정에 따른 대부분의 피해는 일반 국민이 받았습니다.

역사적으로 IMF는 선진국과 개발도상국을 다르게 대했습니다. 선진국의 통화가치를 떨어뜨리지 않기 위해 필사적이었던 반면, 개발도상국의 경제가 무너졌을 때에는 과격한 구조조정을 요구했습니다. IMF가 선진국에게는 관대하나 개발도상국에게는 엄격한 행태를 보인다는 비난을 듣는 이유입니다. 또한 IMF

의 구제금융 방식이 그다지 성공적이지 않으며 지원받은 국가의 경제성장에도 긍정적 영향을 끼치는 데 한계가 있다는 평가를 받았습니다.

예를 들어, IMF가 개발도상국에게 요구한 처방책인 이른바 '워싱턴 컨센서스'는 미국식 시장경제 체제의 대외 확산 전략으로 무역 및 자본의 자유화, 탈규제를 통한 무한경쟁과 정부의 긴축재정, 민영화 및 정부 개입 축소 등을 골자로 하듯이 신자유주의 경제정책과 정확히 일치합니다. 그런데 1997년 외환위기를 당한 아시아 신흥국들은 재정이 건전한 편이었음에도 가혹한 구조조정과 더불어 긴축재정을 강요받아 금리 상승과 경기 악화, 실업률 상승 등의 악순환으로 이어졌던 것입니다.

세계무역기구(WTO)는 세계무역 조건들을 규정하고, 그 규정을 위반한 나라에 대해 규제 조치를 하기 위해 1995년에 출범했습니다. 즉 WTO는 냉전시대가 끝나고 본격적인 세계화가 진행되면서 만들어진 것입니다. WTO의 전신으로 GATT(관세 및 무역에 관한 일반 협정)가 있습니다. GATT는 관세 장벽과 수출입 제한을 제거하고 국제무역과 물자교류를 증진시키기 위해 1947년 제네바에서 미국을 비롯한 23개국이 조인한 국제적인 무역협정입니다.

GATT는 비록 관세 인하와 비관세장벽 제거 등 자유무역을 위한 논의를 계속했지만 WTO에 비해 자유무역을 강요하지 않았습니다. 예를 들어, GATT 협정과 기존에 존재하는 국내법이 충돌될 때 국내법이 우선적으로 적용될 수 있도록 허용하였습니다. 그리고 규제를 어긴 국가에게 강력한 제제를 하지 못했습니다. 게다가 선진국에게 무역 이익을 주는 것은 단순히 재화가 아니라 지적재산권,

투자 등 GATT 체제에서는 자유롭게 거래되지 않던 것들이었습니다.

선진국은 더 규제가 강한 체제가 필요했을 뿐 아니라 GATT에서 포함되지 않은 분야도 자유롭게 거래되는 무역시장을 만들고 싶어 했습니다. 그래서 자유로운 무역을 확대하기 위한 다자간 무역협상이 진행되었고 1986년부터 1993년까지 진행된 8차례 우루과이 협상을 통해 WTO를 만들었습니다.

WTO는 기존의 GATT와 여러 가지 면에서 차이를 갖습니다. 무엇보다 WTO 회원국이 되기 위해서는 일부 협정이 아니라 모든 협정에 참여해야 합니다. 둘째, WTO 체제는 GATT 체제에 비해 규제력이 훨씬 강하며, 농업과 서비스 그리고 지적재산권 등이 무역 대상으로 새롭게 추가되었고 개발도상국과 선진국 간의 차이를 인정하지 않고 모두가 동등한 수준의 시장개방은 물론 생산 활동과 관련된 노동 환경 등의 문제에서도 선진국 수준을 개발도상국에게 요구하였습니다. 게다가 회원국 간 분쟁을 해결하는 방식도 GATT 체제와 다릅니다. 기존 체제에서는 외교적으로 분쟁을 해결했다면, WTO 체제에서는 법적으로 분쟁을 해결합니다.

하지만 법적인 해결 부분에 있어서도 결국에는 국제적으로 힘이 있느냐 없느냐에 따라 승패가 갈려 여전히 문제가 있습니다. 즉 각 국가는 자국의 이익에 맞게 협상을 이끌 것이기 때문에 이 과정에서 분쟁은 발생할 수밖에 없습니다. 분쟁을 통해 서로 타협점을 제시하고 끝나는 것이 이상적이지만 분쟁이 오래 지속되면 WTO의 분쟁 해결 기구가 개입하게 됩니다. 법적으로 진행하기 때문에 돈 많은 선진국은 최고의 법률가를 고용해 소송을 진행하는 반면, 상대적으로 가난한 개발도상국은 불리할 수밖에 없습니다. 결국 힘이 있는 국가가 이길 수밖에 없는 체제입니다.

또한 WTO가 추진하는 자유무역에서 이득을 보는 것은 전 세계를 시장으로 갖고 있는 글로벌 기업입니다. 지역을 기반으로 상품을 판매하는 중소기업과 그 외에 생계를 유지하기 위해 상품을 판매하는 일반 사람은 자유무역을 통해 피해를 볼 수밖에 없습니다. 예를 들어, 농산물의 경우 땅이 작은 우리나라 농민은 넓은 땅을 사용하는 미국 농민보다 일인당 생산량이 작을 수밖에 없기 때문에 농산물 가격이 비쌀 수밖에 없습니다. 따라서 이러한 상태에서 자유무역을 하게 되면 가격경쟁력이 낮은 우리나라 농업은 무너지게 됩니다.

그럼에도 WTO 체제에서는 모든 회원국이 한 표를 행사하기에 미국이 자기 마음대로 규칙을 만드는 데 한계가 있을 수밖에 없습니다. 2001년 11월 카타르 도하에서 시작된 도하라운드가 유럽뿐만 아니라 중국이나 인도 등과 미국의 이해가 충돌하며 정처 없이 표류하는 배경입니다.

많은 전문가들은 도하라운드가 좌초 위기에 놓인 이유를 미국 때문이라고 주장합니다. 자신의 생각대로 협상을 진행시킬 수 없자 미국이 양자협상(예: 한미 FTA[28]) 혹은 자신이 주도하는 다자간 무역협상(예: NAFTA[29] 혹은 TPP 추진)으로 방향을 선회한 까닭입니다. TPP에 대해서는 뒤에서 자세히 소개하겠습니다.

---

28) FTA(Free Trade Agreement)는 '자유무역협정'을 의미합니다. WTO는 모든 회원국들이 협의해야 하지만 FTA는 양자 간 협의로도 그 협의안 내용을 추진할 수 있습니다.

29) 미국, 캐나다, 멕시코 간 무역의 장애 요인을 제거하기 위한 북미자유무역협정(North American Free Trade Agreement)

자유무역이 정말 가능할까?

지금 자유무역을 주도하는 것은 앞에서 얘기했다시피 선진국과 글로벌 기업입니다. 그들은 개발도상국 및 가난한 국가가 자유롭게 시장을 개방하기를 바랍니다. 더 많은 사람에게 상품을 팔아야 이득을 얻기 때문입니다.

그런데 가난한 국가는 쉽게 시장을 열려고 하지 않습니다. 선진국은 "왜 자유롭고 공정한 무역을 방해하는 것이냐, 너희 행동은 자신에게도 바람직하지 않다"고 가난한 국가를 비난합니다. 선진국은 자유무역이 '공정'한 것이며 모든 국가의 경제적 이익을 극대화 할 수 있는 것이라고 주장합니다.

여러분은 어떻게 생각하시나요? 선진국과 개발도상국 또는 가난한 국가 간에

자유무역이 공정한 것이라 주장하는 선진국

자유무역을 하는 것이 과연 공정한 것일까요? 그리고 그들이 말하는 '자유무역'이 정말 가능할까요? 자유무역을 지지하는 사람들은 이렇게 주장합니다.

> "각 국가마다 특정하게 잘 하는 산업이 있다면, 각자 자신있는 상품을 만들어 자유롭게 무역할 때 가장 바람직한 결과를 만들어 낼 수 있습니다. 예를 들어 A국가가 자동차를 잘 만들고 B국가가 옷을 잘 만들 수 있다고 가정합시다. A국가는 자동차만 수출하고 B국가는 옷만 수출한다면 두 국가 모두 이득을 얻을 수 있습니다."(이러한 것을 '절대우위'라고 합니다.)

그런데 위 예시를 가만히 생각해 보면 이해가 되지 않는 부분이 있습니다. 모두 알다시피 옷보다 자동차를 만들 때 더 많은 기술과 자본이 필요합니다. 이는 자동차를 잘 만드는 국가가 더 선진화된 기술을 가진 국가라는 것입니다. 정상적인 국가라면 그 국가의 정부는 자국이 더욱 발전하기를 원합니다. B국가도 마찬가지일 것입니다. 옷을 계속 만드는 것보다 자동차를 만드는 기술을 배워서 자동차를 수출하고 싶을 것입니다.

우리나라도 1960년대에는 옷, 가발과 같은 노동력 의존도가 높은 상품을 수출했습니다. 하지만 1970년대에는 정부의 지원으로 자동차 같은 기술과 자본을 더 필요로 하는 상품을 만들고 수출하기 시작했습니다. 그리고 현재 우리나라의 주요 수출품은 자본 의존도가 높은 상품들입니다. 만약 우리나라가 다른 국가에 비해 우위가 있는 산업만 추구했다면 우리는 반도체, 휴대전화, 자동차를 수출할 수 없었을 것입니다.

자유무역을 주장하는 사람들은 또한 자유무역을 통해 소비자가 더 저렴한 상품을 구매할 수 있다고 말합니다. 그 말은 사실입니다. 우리는 다른 국가와 자유무역 협정을 맺음으로써 전보다 싼 농수산물을 살 수 있게 되었습니다. 관세가 철폐되면서 수입 자동차도 과거에 비해 싸게 구입할 수 있습니다.

하지만 그 뒤에는 또 다른 진실이 있습니다. 농산물이 더 저렴하다는 것은 생산비용이 그만큼 적다는 것인데, 경작 규모가 클수록 농산물 단위당 생산비용이 적기 때문에 대기업일수록 농산물 가격을 낮출 수 있습니다. 즉 수입 농산물은 외국의 글로벌 대기업에서 만든 것입니다. 외국산 농산물이 저렴하면 우리나라 국민은 국내 농산물을 더 이상 먹지 않을 것입니다. 그러면 우리나라 농민들은 농사를 그만둘 것이고 시장에는 저렴한 외국산 농산물만 존재하게 됩니다. 즉 외국의 대기업들이 시장을 독점하게 되는 것입니다.

여기서 '식량주권' 문제가 발생합니다. 외국과 외교 갈등이 생겼을 때 그들은 식량문제로 우리나라를 압박할 수 있습니다. 1970년대에 칠레에서 실제로 일어난 일은 자유무역이 국민에게 정말 좋은 것인지 자문하게 만듭니다. 1970년 칠레의 좌파정당은 대통령 선거에서 승리할 경우 15세 이하 어린이들에게 일정량의 분유를 무상으로 제공하겠다는 공약을 내걸었습니다. 그 정당은 선거에서 승리했고 공약을 이행하려고 했습니다.

그런데 분유시장은 이미 스위스의 '네슬레'라고 하는 글로벌 기업이 독점했고, 정부는 이 기업에게 직접 분유를 사서 무상으로 분배하려고 했습니다. 그런데 네슬레는 모든 협력을 거부했습니다. 당시 미국과 글로벌 기업은 무상으로 분배하는 사회주의 정책을 싫어했기 때문입니다. 결국 칠레 정부는 그 공약을 실행하지 못했습니다.[30)

게다가 자유무역을 주장하는 사람들은 외국의 저렴한 농산물이 수입되어 국내 농업 기반을 붕괴시키고 농민이 경제적 손실을 입더라도, 저렴한 농산물 소비를 통한 소비자의 경제 이득 증가가 더 크기 때문에 문제없다고 얘기합니다. 그런데 이 논리가 정당하다면 FTA를 추진할 때 우리의 시장 개방을 최소화하고 교역국의 시장 개방을 최대화시키기 위해 노력할 필요가 없을 것입니다. 경쟁에서 불리한 산업이더라도 개방할수록 이득을 보므로 시장 개방을 최소화시키려고 애쓸 이유가 없기 때문입니다.

하지만 해당 산업의 중요성이 클수록 시장 개방을 통해 피해를 보는 산업의 경제적 손실은 생산 축소 정도로 단순화시킬 수 없습니다. 경제학 교과서에서 가정하듯이 피해 산업의 종사자가 다른 일자리로 이동하는 것이 쉽지도 않을 뿐 아니라 (앞에서 '식량주권' 문제를 지적했듯이) 극단적으로 수입이 중단될 경우 대체 식량을 확보하기 위해 많은 비용을 지불할 수도 있기 때문입니다.

자유무역이 '공정'한가에 대해서도 의문을 가질 수밖에 없습니다. 여러분은 영국과 미국 등 지금의 선진국이 초기에 보호무역을 주장했다는 것을 알고 있나요? 그 당시 먼저 성장했던 국가들이 자유무역을 요구했을 때 영국과 미국 등의 논리는 이것이었습니다. (지금의 선진국들의 성장 시기는 달랐습니다. 산업혁명이 일어났던 영국이 가장 먼저 성장했고, 그 후에 미국과 독일이 성장했습니다.)

---

30) 장 지글러, 2007, 『왜 세계의 절반은 굶주리는가?』, 갈라파고스, pp. 99~102.

> "우리는 시장을 개방할 수 없습니다. 지금 시장을 개방한다면 국내에 있
> 는, 이제 막 성장하려고 하는 기업은 모두 무너질 것입니다. 당신 나라의 기
> 업은 '이미 성장한 기업'입니다. 아무런 보호조치 없이 당신 나라의 기업과
> 국내 기업을 경쟁시킬 수 없습니다."

지금의 선진국은 그렇게 자기 나라 기업을 보호하고 키웠습니다. 그리고 그 기업이 완전히 성장하자 아직 기업을 성장시키지 못한 개발도상국에게 자유무역을 요구하기 시작했습니다. 전혀 공정하지 않습니다. 선진국이 자유무역을 하고 싶다면 개발도상국 및 가난한 국가의 유치산업(성장이 기대되나 지금의 수준이 낮아 국가가 보호하지 않으면 국제 경쟁에 견딜 수 없는 산업)을 제대로 키울 때까지 기다려야 합니다. 그래야만 공정한 '자유무역'을 할 수 있을 것입니다.

유치산업의 보호 논리는 미국의 해밀턴에 의하여 처음 주창되었고, 독일의 리스트에 의하여 체계화되었듯이 영국보다 후발 주자였던 미국과 독일 등은 자국의 산업이 경쟁력을 확보할 때까지 자유무역을 거부했던 것입니다.

자유무역협정 체결 당사국들이 서로 수준이 다른 경우, 그중에 뒤처지는 나라는 경쟁으로 인한 자극을 받아 발전하기보다는 제자리걸음을 하거나 도태되기 쉽습니다. 우리나라가 만일 1960년대에 미국, 일본, 유럽 국가 등 선진국과 자유무역협정을 맺었다면 포항제철, 현대자동차, 삼성전자 같은 기업을 육성하는 것이 가능했을까요?[31]

WTO는 사실 자유무역에 있어서 공정하지 못합니다. WTO는 "선진국이 취

---

31) 장하준, 2011, 경향신문 장하준칼럼 11월 8일자.

약한 분야가 아니라 우위를 점하는 분야에 자유무역 원칙을 정립하는 데 기여"[32]하고 있습니다. 예를 들어, 아프리카에 있는 국가들은 농산물을 다른 국가에 판매해야 생존할 수 있습니다. 그들에게는 다른 산업을 발달시킬 만한 기술이 없기 때문입니다. 그런데 선진국은 가난한 국가의 농산물에 관세를 붙여 진입장벽을 만들어 놓았습니다. 자국의 농산물 산업을 보호하겠다는 것입니다. 그렇게 되면 관세로 인해 가격이 높아진 '가난한 나라의 농산물'은 선진국에서 팔리지 않을 것입니다.

만약 WTO가 공정한 자유무역을 추진하고 있다면, 선진국의 이러한 행태는 나타나서는 안 됩니다. 현실은 '힘의 싸움'입니다. WTO에서 힘이 강한 선진국은 가난한 국가들을 위해 양보하지 않습니다. 전 세계는 이미 하나로 연결되어 있기 때문에 무역을 하지 않고는 살아갈 수 없습니다.

무역을 해서 얻는 이익도 분명히 있습니다. 우리나라 안에서 얻을 수 없는 여러 상품이나 자원을 얻을 수 있기 때문입니다. 하지만 무역과 자유무역은 그 의미가 다릅니다. 무역은 오래전부터 있었던 국가 간의 물자교류입니다. 반면 자유무역은 '세계화'와 함께 움직이는 하나의 '이데올로기'입니다. 자유무역은 겉으로는 공정하고 자유로운 무역을 추구하지만, 선진국이 자국 기업의 시장을 넓히기 위한 하나의 방법일 뿐입니다.

물론 특히 우리나라처럼 자국의 시장 규모가 작아 해외시장 확대가 중요한 국가일수록 무역은 중요하고, 그 결과 자국의 시장 개방도 어느 정도는 불가피합니다. 장기적 발전을 저해할 확률이 높은 경우 시장 개방은 신중할 필요가 있

---

32) 장하준, 2007, 『나쁜 사마리아인들』, 부키, p. 31.

지만, 시장 개방이 불가피한 경우에도 시장 개방에 따른 충격과 갈등에 대한 장치 마련이 필요합니다. 희생자에게 제대로 된 보상이 이루어지지 않으면, 아무리 나라 전체가 이득을 본다고 해도 다수를 위해 소수가 희생하라는 전체주의적인 주장밖에 되지 않기 때문입니다.[33]

예를 들어, 농산물 시장 개방을 주장하는 사람들은 피해를 입는 농민에 대해서 자유무역으로 인해 수혜를 받는 기업의 이익 일부를 환수하여 피해를 보상해 주어야 한다고 주장합니다. 이른바 '무역이득공유제'가 그것입니다. 하지만 농업 등 아주 피해가 큰 분야에 대한 특별 보상이 도입될 수는 있어도 모든 분야에 도입하는 것은 불가능하고 비효율적입니다.

자유무역협정에 따라 피해를 보는 사람에 대한 배려로 의료 및 주거를 포함한 기초생활보장과 실업보험료 지급, 그리고 재교육 지원 등이 필요할 것입니다. 경제 규모가 작은 북유럽 국가들이 시장 개방을 통해 성장하는 과정에서 복지 제도를 정비한 이유가 바로 이 때문입니다.

의료 민영화와 빈부격차

앞 장에서 신자유주의가 추진하는 정책 중에 국영기업의 '민영화'를 얘기했습니다. 민영화를 추진하려는 정부는 공공부문을 사기업에게 넘김으로써 더 '효

---

33) 장하준, 2011, 경향신문 장하준 칼럼 11월 8일자.

율적'으로 운영할 수 있다고 주장합니다. 하지만 기업은 이익을 추구하기 때문에 공공적인 부분은 고려하지 않습니다. 예를 들어 국영기업은 자신이 운영하는 기차를 모든 사람이 최대한 이용할 수 있도록 철도를 설치합니다. 사람이 아무리 적은 지역이라도 그곳에 사람이 살고 있다면 철도를 운영할 것입니다. 국가에서 운영하는 기업이라면 모든 국민의 복지와 편의를 위한 공공성을 고려해야 하기 때문입니다.

하지만 만약 사기업이 철도를 운영하게 된다면 사람이 적은 지역의 철도역은 폐쇄될 것입니다. 사람들이 기차를 이용해서 얻는 이익보다 철도를 운영하면서 드는 비용이 더 크기 때문입니다. 또한 사기업은 이익을 더 얻기 위해 철도 이용 가격을 올릴 것입니다. 국영기업에서 운영하는 대부분의 산업은 자연독점(법이 독점권을 인정한 것은 아니나 사업의 성질에 따라 생기는 독점. 철도·가스·전기 사업 등의 경우이다.) 산업입니다. 가격을 올려도 사람들은 사용할 수밖에 없습니다. 그리고 가격이 너무 오르면 가난한 사람들은 사용하지 못할 것입니다. 국가가 기본적으로 보장해야 되는 복지가 돈 없으면 이용할 수 없는 상품으로, 돈 많은 특권층만 사용할 수 있는 것으로 바뀌게 된 것입니다.

실제로 미국에서는 일자리를 가진 사람만 의료보험 가입을 할 수 있습니다. 예를 들어, 미국에서는 일자리를 가진 사람 중심의 의료보험 체계를 갖고 있습니다.

따라서 일자리가 없거나 시간제 근무로 일하는 사람들은 의료보험 혜택에서 배제되고 있기 때문에 다치거나 병에 걸렸을 때 온전히 자신의 돈으로 치료 받

아야 합니다. 반면, 소득이 높을수록 혜택이 많은 민간의료보험에 가입하고 있습니다.

의료산업은 사람의 생명과 직결되어 있습니다. 그런데 소득이 있느냐 없느냐에 따라 의료 혜택을 받을 수 있느냐 없느냐가 결정되는 것입니다. 이런 문제로 오바마 행정부는 저소득층에게 보다 폭넓은 의료 혜택을 제공하겠다는 취지로 건강보험 개혁법, 이른바 오바마케어를 도입했습니다. 오바마케어는 보조금 지급을 통해 저소득층이 의료보험에 가입할 수 있게 하고 미가입 시 벌금을 부가해서 전 국민을 의료보험에 가입시키는 정책입니다. 하지만 중산층 이상 가구에 의료보험료 부담을 가중시킨다는 이유로 반대에 부딪혔습니다. 트럼프 행정부

소득 여부에 따라 의료 서비스를 받을 수 있는 미국 의료보험

에서 폐지하려는 핵심 정책 중 하나입니다.

미국에서 실제로 있었던 일입니다. 라스베이거스에서 살던 노숙자 루돌프 아우지아노는 심각한 하반신 통증을 느껴서 응급실로 찾아왔습니다. 응급실에 있던 간호사와 의사는 잠깐 살펴보았지만 아무런 진단도 하지 않고 소견서에 '상습적 노숙자'라고 기록했습니다. 노숙자는 일자리가 없기 때문에 의료보험에 가입되지 않았습니다. 간호사는 어서 나가라고 했고, 노숙자는 항의했습니다. 응급실이 소란스러워지자 간호사는 경비원을 불러서 노숙자를 내쫓았고, 노숙자는 몇 분이 안 되서 결국 병원 앞 잔디밭에서 사망하였습니다.[34]

이 사례에서 알 수 있듯이 미국 병원에는 환자가 없습니다. 단지 돈을 내고 서비스 받을 고객만 있을 뿐입니다. 국가는 국민의 생명을 보호해야 하는 의무가 있습니다. 국민이 세금을 내는 이유입니다. 만약 국가가 국민의 생명을 보호하지 못한다면 국가는 국민에게 강제적으로 세금을 걷을 권리가 없어집니다. 그런데 미국은 최소한의 생명도 보호해 주지 못하는 의료 체계를 갖고 있습니다. 바로 의료 민영화 때문입니다. 공공성을 가져야 하는 의료산업이 이익에 따라 움직이는 기업에게로 옮겨지면서 의료산업은 돈 있는 사람에게만 혜택을 주는 산업으로 변질되었습니다.

사기업은 의료산업을 통해 이익을 추구하기 위해 2014년 기준 약 3억 7000만 달러의 로비 자금을 사용했습니다. 그 결과 2014년 기준 GDP 대비 18%나 되는 미국의 의료비 지출은 영국(9%), 스웨덴(10%), 캐나다(11%), 독일(11%) 등의 거의 두 배 수준임에도 OECD 국가 중 기대수명이 가장 낮은 포르투갈과 그리스

---

34) 미헬 라이몬, 2010, 『미친 사유화를 멈춰라』, 시대의 창, p. 57.

보다 미국인의 기대수명은 낮아졌습니다. 즉 미국 의료산업의 성장이 미국인의 의료혜택과 비례하지 않는 것입니다.

앞에서 말한 의료 민영화뿐만 아니라 공공성을 갖고 있는 모든 산업의 민영화는 빈부격차를 더욱 심화시킵니다. 세계화를 이끌고 있는 신자유주의, 그리고 민영화는 우리가 살아가면서 보장받아야 할 기본적인 가치조차 상품으로 만들어 버림으로써 '인간다운 삶'을 포기하게 했습니다. 오로지 돈 많은 특권층만이 향유할 수 있게 되었습니다.

민영화를 주장하는 사람들은 국가는 효율적으로 운영할 수 없기 때문에 민간 기업이 운영해야 한다고 말합니다. 하지만 산업을 효율적으로 운영하기 이전에 우리는 지켜야 할 가치가 있습니다. 국가는 우리를 안전하게 지키고 기본적인 삶, 사람다운 삶을 살 수 있도록 도와주어야 합니다. 그러한 가치를 해치는 민영화는 받아들이지 말아야 합니다. 그것이 국가의 역할이자 의무이기 때문입니다.

과잉 세계화가 불러오는 보호주의

2007년 미국발 금융위기가 터진 이후로 약 10년이 지났지만 세계경제는 아직도 충분히 회복되지 못했습니다. 미국 같은 선진국은 돈을 더 많이 찍어내고, 이자율을 제로 또는 마이너스로 낮추는 등 전례가 없던 통화정책을 진행했지만 저성장과 저물가는 지속되고 있습니다.

주요 중앙은행들이 천문학적 규모의 돈을 공급해도 저물가가 지속되는 이유는 기본적으로 임금 증가율 둔화에서 비롯합니다. 여기서 '물가 상승률이 낮으면 좋지 않을까'라는 생각이 들기도 합니다. 하지만 물가 상승률이 지속적으로 낮아질 것이라 예상되면 사람들은 소비를 뒤로 미루기 시작합니다. 나중에 살수록 더 이득이라는 생각이 들기 때문입니다. 이렇게 소비가 감소하면 기업의 이윤은 줄어들고, 기업은 단기 이윤을 높이기 위해 가장 쉬운 방법으로 인건비를 줄이게 됩니다. 임금은 가계의 주요 소득인데, 소득이 감소한 가계는 더욱더 소비를 줄이게 됩니다. 악순환이 반복됩니다. 그래서 낮은 물가 상승률은 경제 상황이 좋지 않다는 것을 의미합니다.

미국발 금융위기가 전 세계에 영향을 준 이유는 바로 전 세계를 하나로 연결시킨 '세계화' 때문입니다. 미국에서 만들어 낸 금융 상품에 유럽의 금융회사들이 투자했고, 미국 금융 상품의 가치가 떨어지자 유럽의 금융회사들이 대규모 손실을 보았으며, 유럽의 금융회사들을 구제하면서 유럽 정부들의 부채가 크게 증가했습니다.

선진국에 수출해 높은 성장을 경험하였던 중국 등 신흥국은 미국에서 발생한 금융위기 이후 선진국의 경기가 둔화되면서 수출이 감소하였습니다. 전 세계 경제가 침체되고 회복되지 않자 세계화를 주도했던 미국 등 선진국은 '세계화' 문제에 대해 생각하기 시작합니다.

선진국의 글로벌 기업은 임금 비용을 줄이기 위해 자국의 공장을 폐쇄하고 저렴한 노동력을 가진 중국, 인도 같은 국가에 공장을 세웠습니다. 그 결과 선진국의 노동자들은 일자리를 잃게 되었습니다.

이에 대해 미국 정부는 미국 경제가 살아나지 못하는 이유가 일자리 부족 때문이라고 생각했고, 해외에 있는 공장들을 다시 미국으로 불러들여야 한다고 주장했습니다. 전 세계 국가는 달러를 통해 무역을 하고 있습니다. 즉 달러는 미국만의 통화가 아니라 전 세계 사람들의 통화입니다. 그런데 미국의 중앙은행은 금융위기가 터진 후 다른 국가에 대한 영향은 생각하지 않고 미국을 위해서만 통화정책을 펼치겠다고 발표했습니다. 정말 무책임한 행동입니다.

다른 선진국도 자국을 위해 다시 폐쇄 노선을 선택하려 합니다. 최근에는 영국이 국민투표를 진행했고, 결국 영국 국민은 EU에서 탈퇴하는 것을 선택했습니다 (브렉시트). EU에 속해 있는 것이 오히려 영국에 해가 된다고 생각한 것입니다. 그 이유 중 하나는 EU에 가입하게 되면 일정 부분의 돈을 내야 하는데 그 돈을 차라리 영국 국민을 위한 복지 비용으로 지출하는 게 낫다고 생각했기 때문입니다.

이민자에 대한 생각도 바뀌고 있습니다. 선진국 사람들은 이민자가 자신의 일자리를 뺏고 있다고 생각합니다. 이민자가 없다면 일자리가 더 많아지고 자국민의 소득도 늘어날 거라고 생각하는 것입니다. 그래서 이민자를 막고 자국민끼리 잘살자는 주장이 힘을 얻고 있습니다.

이러한 상황은 선진국이 얼마나 이중적인지를 보여주는 것입니다. 선진국은 자국의 기업이 성장하는 것을 돕기 위해 보호무역을 했습니다. 그리고 자국의 기업이 성장하자 경제성장을 위해 개발도상국 및 가난한 국가의 시장을 개방시키고 세계화를 주도했습니다. 선진국은 "시장을 개방하는 것이 너희들에게도 더 좋고, 결과적으로 서로가 윈-윈 할 수 있기 때문에 더 효율적이다"라고 말하며 개발도상국과 가난한 국가를 설득했습니다.

그런데 금융위기 이후에 선진국의 경제가 다시 살아날 기미를 보이지 않고 개발도상국과의 무역으로 오히려 손해를 보자 보호무역을 하겠다고 주장하기 시작한 것입니다. 이는 이제 막 저렴한 인건비를 통해 수출이 증가하고 있는 개발도상국의 경제성장을 막는 행위입니다. 선진국의 이러한 보호무역주의는 결국 세계 교역을 위축시키고 세계경제를 파국으로 치닫게 할 것입니다. 사실, 금융위기 이후 선진국은 G20 정상회담에서 지속적으로 보호무역에 반대했지만 돌아서는 보호주의를 강화해 왔습니다. 그리고 최근 보호주의는 더욱 강화되고 있습니다.

이처럼 신흥국을 중심으로 전개되던 20세기의 '반세계화' 움직임과 달리 이번에는 주로 선진국이 앞장서 주도하는 모양새입니다. 미국의 트럼프와 샌더스 바람, 프랑스의 국민전선(FN), 스페인의 포데모스(Podemos), 이탈리아의 오성운동(M5S) 등 세계화에 반대하고 고립주의를 표방해 온 세력들의 정치적 지지 기반이 크게 넓어진 데 이어, 반세계화 요구가 정책에도 일부 반영되면서 각국 정부의 보호무역 조치가 급증하는 추세입니다.

전통적으로 보호무역주의 성향이 강한 인도뿐 아니라 중국, 인도네시아 등 다른 신흥국마저 자국 산업 육성과 보호를 위해 무역장벽을 쌓아올리면서 보호무역주의 움직임이 전 세계로 확산되고 있습니다. 예를 들어, 글로벌 무역규제

경보 단체인 GTA(Global Trade Alert)의 2016년 보고서에 따르면 2010년 이래 매년 첫 네 달 안에 50~100개의 보호주의 조치들이 실행되었는데 2016년에는 150개를 초과했습니다. 2015년에 실행된 보호주의 조치들 중 81%가 G20 회원국들에서 이루어졌습니다.[35)]

선진국을 중심으로 반세계화 움직임과 보호무역주의가 확산되는 일차적인 원인으로 소득 불평등 심화를 지목하는 의견이 많습니다. 소득 불평등 확대로 촉발된 선진국 유권자의 불만이 '반세계화'라는 형태로 표출되고 있기 때문입니다. 그러나 소득 불평등 확대를 초래하는 원인은 세계화 외에도 기술 진보, 인구 구조 변화 등 매우 다양합니다. 경제학자들의 연구 중에는 세계화보다 기술 진보의 영향이 더 크다고 보는 견해도 많습니다. 그럼에도 유독 세계화를 탓하는 성향이 강하게 나타나는 데는 세계화의 결과로 이익을 보는 계층과 손해를 보는 계층이 비교적 명확히 구별되는 편이어서 손해를 본 계층의 불만과 피해에 관심이 쏠리기 쉬워서입니다.

미국의 대표적 싱크탱크인 피터슨국제경제연구소(PIIE)는 2016년 미국 대통령 선거에서 보호주의가 주요 의제로 부상한 이유로 무역 비중이 증가하는 동안 정부 지출이 감소한 측면에 주목합니다. 즉 1960년대 이후 OECD 평균의 경우 무역이 134% 증가하는 동안 정부 지출이 26% 증가한 반면, 미국의 경우 무역이 216% 증가하는 동안 정부 지출은 오히려 6%나 감소하였습니다. 즉 시장 개방과 무역 증가에 따라 피해를 보는 사람들에 대한 배려가 필요했는데 국가 전체의 경제 성과만 강조한 결과라는 것입니다.[36)]

35) Simon J. Evenett and Johannes Fritz, 2016, "The 19th Global Trade Alert Report," CEPR Press.
36) Cullen S. Hendrix, 2016, Protectionism in the 2016 Election : Causes and Consequences, Truths and Fictions, PIIE (Nov).

그런데 세계화에 따른 소득 불평등의 양상은 다양했습니다. 먼저, 국가 간 소득 불평등은 1990년 전후로 그 양상이 변화하기 시작합니다. 제2차 세계대전 이후부터 1980년대까지는 이윤분배 구조를 놓고 선진국과 개발도상국이 대립하는 양상을 보였습니다. 그러나 1990년대 이후에는 상위 국가와 하위 국가 간 격차가 눈에 띄게 줄어들기 시작합니다. [37]

베를린 장벽 붕괴, 구소련 해체 등으로 사회주의 체제가 무너지면서 세계시장에 새로 진입한 동유럽과 중국, 베트남 등의 대규모 노동력이 서구의 자본과 만나 빠른 경제성장과 생산성 향상이 이뤄졌고, 이후 잇따라 WTO에 가입한 결과이기도 합니다. 하지만 국가 내 불평등은 오히려 늘어났습니다. 국가 내 불평등 심화는 선진국과 신흥국을 가리지 않고 나타나는 현상입니다. 특히 선진국의 경우 저소득층과 중산층의 소득은 정체된 반면, 고소득층의 소득이 크게 늘어나면서 불평등이 확대되었습니다.

또한 소득 불평등이 지속되다 보니 중산층의 비중 역시 감소하였습니다. 미국의 여론조사 전문기관인 Pew Research Center에 따르면, 미국 중산층의 비중은 1970년 60.8%에서 2015년에는 49.9%로 처음 50% 아래로 떨어졌습니다. 이처럼 세계화는 선진국과 신흥국 노동자 모두에게 '시장 확대 기회'와 '불평등 심화의 고통'을 함께 제공하는 양날의 검입니다. 고통을 당하는 사람들에 대한 배려가 없는 세계화는 사회를 분열시키기에 지속이 불가능할 수밖에 없습니다.

---

37) 김형주, 2016, "짙어지는 세계화의 그늘 보호무역주의가 자라고 있다," LG경제연구원. 이 연구에서는 각국별 1인당 실질 GDP와 인구를 기준으로 167개 국가를 5개의 분위별 그룹으로 나눈 후 최상위 그룹과 최하위 그룹의 1인당 실질 GDP 비율, 즉 '5분위 배율'의 변화를 비교했습니다.

Index

04장

위기로 치닫는
금융의 세계화

브레튼우즈 협정에서 금 달러 기준 제도 공식화

브레튼우즈 체제의 붕괴와 새로운 국제 금융 체제

1970년대부터 세계화와 함께 금융 세계화도 진행되었습니다. 1970년대 이전 국제 금융 체제를 '브레튼우즈 체제'라고 하는데, 이 체제는 1931년 국제적 금융 위기를 겪고 나서 금융 규제의 필요성을 느껴 만들어졌습니다. 제2차 세계대전 이 끝난 후 1944년 7월 22일 미국 뉴햄프셔 주 브레튼우즈에서 연합국 44개국 이 모여 맺은 협정 내용을 브레튼우즈 체제라고 말합니다.

금 가격 표시로서 달러의 중요성은 제1차 세계대전 이후 미국이 세계경제의 중심으로 떠오르면서 이미 증가되어 왔습니다. 루스벨트 대통령은 1온스(31.1035g) 당 금 가격을 20.67달러에서 35달러로 올렸고 달러와 금 교환기준을 정해서 미 국의 중앙은행인 연준(Fed)에서 달러를 금으로 교환할 수 있는 제도를 만들었습 니다. 브레튼우즈 협정에서 이 제도를 공식화했을 뿐입니다.

통화 가치를 금 중심으로 정했기 때문에 금본위제라 하고, 그 가치가 고정되 어 있기 때문에 고정환율제라고 합니다. 달러를 중심으로 그 가치가 정해져 있 다는 것은 다른 국가들이 달러의 가치를 신뢰할 때 가능합니다. 그래서 미국은 신뢰를 얻기 위해 다른 국가에게 "만약 달러를 가져오면 정해진 가치만큼 모두 금으로 교환해 주겠다"고 말합니다. 이른바 금태환 제도입니다.

이러한 고정환율제는 1960년대 말부터 달러 가치가 불안정해지면서 흔들리 기 시작합니다. 무엇보다 1960년대 후반부터 미국이 일본 및 서독 등에게 무역 적자를 기록하기 시작했듯이 일본과 서유럽 국가들의 추격에 따라 미국 경제력이 상대적으로 약화되면서 달러 가치는 하락하기 시작했습니다. 여기에 베트남 전쟁(1960~75)에 쏟아부은 돈 때문에 미국이 흔들린다는 것을 감지한 각국으로부터 금태환 요구가 빗발치자 각국 중앙은행의 협조로 안정화시켰던 금 가격은 더 이상 유지가 불가능하게 되었고, 1968년부터 금 가격은 자유화됩니다.

사실, 달러 가치의 안정은 기본적으로 불가능한 것이었습니다. 경제가 성장하고 세계 교역이 증가함에 따라 달러 공급은 증가할 수밖에 없습니다. 그런데 달러를 계속 찍게 되면 달러의 가치는 떨어질 수밖에 없습니다. 이른바 '트리핀 딜레마(Triffin dilemma)'입니다. 물건이 많아지면 그 가치가 떨어지는 것이 당연하듯이 말입니다. 달러를 갖고 있던 국가들은 불안해지기 시작합니다. 그래서 미국에게 자신이 갖고 있던 달러를 금으로 바꿔 줄 것을 요구합니다. 이렇게 하나둘씩 금을 요구하게 되자 미국이 갖고 있는 금은 점차 줄어듭니다. 결국에는 미국이 갖고 있던 금이 전 세계에 있는 달러의 가치보다 적어졌습니다.

미국은 더 이상 견디지 못하고 1971년 8월 15일 금태환 정지를 선언합니다. 즉 달러를 가져와도 더 이상 금으로 교환해 주지 않겠다는 것입니다. 이처럼 미국의 금태환 정지는 기본적으로(모든 대외거래의 결과인) 국제수지 적자 확대에 따른 달러의 신뢰도 하락과 미국의 금 준비 감소에 따른 결과였습니다. 즉 미국 달러의 차입으로 해외에 유출되는 달러는 이자율평형세[38] 같은 자본 통제나 단기 금리 인상 같은 통화정책 등으로 어느 정도 통제할 수 있었지만, 1971년부터 미국의 무역수지가 적자로 전환되면서 달러의 해외 유출은 불가피해졌고 미국의 금이 고갈될 가능성이 높아지면서 금태환 약속은 더 이상 지킬 수 없게 된 것입니다.

---

38) 당시 미국의 금리는 유럽과 그 외 국가들보다 낮았기 때문에 사람들은 미국에서 달러를 많이 빌렸습니다. 그래서 미국은 이자율평형세를 도입하여 미국에서 달러를 빌릴 때 지불해야 하는 이자가 유럽 국가들의 이자만큼 높아지도록 만들어, 달러가 외부로 유출되는 것을 통제하였습니다.

달러의 가치가 불안정해지자 세계 각국은 달러의 가치를 시장에서 결정하는 변동환율제로 전환하기 시작했고, 그와 동시에 미국은 금융 자유화를 추진합니다. 자국의 금융시장뿐만 아니라 전 세계의 모든 금융시장을 개방시키기로 한 것입니다. 금융 자유화는 결국 미국 달러의 지위를 회복시켰습니다. 달러의 가치에 대한 신뢰가 낮아졌어도 달러는 다른 국가들의 통화에 비해 가장 매력적인 투자 가치를 갖고 있는 통화였기 때문입니다.[39]

미국은 금융을 통해 무너지려 했던 경제를 다시 회복시키고, 이를 위해 금융 자유주의를 전 세계에 전파시키기로 했습니다. 미국은 자본 흐름의 자유화를 주도하기 위해 국내 제도부터 정비했습니다. 1973년 대통령 경제보고서에서 자본 통제에 대한 반대를 명시하였고, 1974년에는 자본 통제 정책들을 폐지하였습니다. 예를 들어, 앞에서 소개한 이자율평형세가 1974년 4월 1일에 철폐됩니다. 또한 1976년 킹스턴에서 열린 IMF 제5차 잠정위원회에서 미국은 자신의 입장을 다른 선진국들에게 밀어붙이며 국제 통화 체제를 재편하기 위해 '자본 거래 촉진'을 포함하도록 수정하였습니다.

카터 행정부 말기부터 시작된 금융 규제 완화는 레이건 행정부에서 본격적으로 추진되었고 1985년 1월 두 번째 임기의 연두교서에서는 미국을 세계의 투자 수도로 건설하겠다고 밝혔습니다. 즉 국가 이해를 금융적 관점에 맞춘 것입니다. 그 결과 GDP 대비 금융 산업의 비중은 1980~2007년간 두 배로 증가하였습니다. 동시에 미국 정부는 "자본을 이동하지 못하도록 규제하는 것은 비효율적인 행동입니다. 자본이 자유롭게 움직여야 더 필요한 곳으로 이동할 수 있습니다.

---

39) 에릭 헬라이너, 2010, 「누가 금융 세계화를 만들었나」, 정재환 역, 후마니타스, p. 146.

이로써 우리는 자본을 더 효율적으로 사용할 수 있게 되는 것입니다"라는 논리로 다른 선진국과 개발도상국에게 자본시장을 열도록 강요했습니다.

게다가 1970년대 두 차례의 석유파동에 따른 인플레이션은 금융 상품 가격의 변동성을 증대시켰고, 이러한 금융시장의 환경 변화는 차익 거래(어떤 상품의 가격이 시장 간에 상이할 경우 가격이 싼 시장에서 매입하여 비싼 시장에 매도함으로써 매매 차익을 얻는 거래 행위)의 동기뿐만 아니라 리스크 관리의 필요성도 증대시켰습니다. 선물, 옵션, 스왑 등 파생금융 상품이 등장한 배경입니다.

파생금융 상품은 모두 미래의 불확실성과 관련이 있습니다. 선물은 상품이나 금융자산을 미리 결정된 가격으로 미래 일정 시점에 인도, 인수할 것을 약속하는 것이며, 옵션은 정해진 조건에 따라 일정 기간 내 상품이나 유가증권 등 특정 자산을 사고팔 수 있는 것입니다. 또한 스왑은 사전에 정해진 가격, 기간에 서로 부채를 교환하여 자금을 조달하기 위해 위험을 피하려는 것입니다.

리스크 관리를 위한 신용보증, 즉 금융 상품의 리스크에 대한 보험 성격을 갖는 신용보증 사업과 상품도 1970년대 초에 등장합니다. S&P, 무디스, 피치 등이 '리스크 재단자'라는 막강한 권한을 행사하는 3대 국제 신용평가기관이 된 것도 1970년대 중반이었습니다. 금융 가격의 변동성이 커지면서 다수의 투자자로부터 자금을 모집, 운용하는 '펀드'(예: 뮤추얼펀드, 사모펀드, 헤지펀드, 국부펀드 등)가 규제를 받지 않는 장점을 바탕으로 금융의 주인공으로 등장합니다. 일부에서 오늘날 자본주의를 '펀드 자본주의'라 부르는 이유입니다.

1970년대부터 정보통신기술의 발달로 자본이 더 자유롭게 움직일 수 있게 되자 미국은 강도 높은 글로벌화와 각종 규제 완화 정책을 펼칩니다. 금융회사의 높은 수익 추구에 장애가 되는 규제와 감독 완화가 본격적으로 추진됩니다. 금융회사가 파산할 경우 주주와 경영에게 막대한 피해를 끼칠 뿐 아니라 엄청난 사회적 비용을 유발하고 심지어는 경제 시스템 전체의 문제가 됩니다.

그리하여 금융 부문에는 특정한 행동규칙을 설정하는 규제, 그 규칙이 준수되는지 여부를 관찰하는 감시, 그리고 금융회사의 행동을 보다 전반적으로 단속하는 감독을 통하여 과도한 리스크를 추구하지 못하게 합니다. 즉 금융회사가 높은 수익을 추구하려면 규제와 감독 등을 완화시켜야 합니다.

그런데 1970년대 파생금융 상품개발과 금융공학의 발전 등으로 기존의 규제가 비효율적이라는 주장이 득세하면서 (노동시장이나 행정 규제 등에 대한 탈규제와 더불어) 금융 부문에 대한 탈규제 압력이 증대하여 1930년대 대공황 당시 만들었던 미국 금융시스템은 붕괴되기 시작합니다.

규제 완화로 과거에는 상상하지 못했던 금융 상품들이 등장하고, 돈으로 돈을 벌 수 있는 금융시장이 활성화되자 사람들은 금융을 통해 새로운 경제성장의 동력을 찾았다고 생각했습니다. 대표적 사례가 금융 자유화로 켈틱타이거로 부상했다가 금융위기 이후 IMF 구제금융(거래처인 기업이 도산하는 것을 막기 위하여 금융기관이 정책적으로 지원하는 금융)을 지원받은 아일랜드입니다.

우리나라도 노무현 정부에서 '동북아 금융허브' 전략을 추진했는데 다행히 이 전략이 성공하지 못했기 때문에 금융위기 당시 피해가 상대적으로 적었습니다. 금융 부문이 급팽창하였던 이유는 제조업에서 자본의 수익률이 하락하면서 새로운 수익원을 찾지 못한 자본이 금융 부문으로 유입되었기 때문입니다.

그러나 다음 그림에서 보듯이 자본 이동의 자유화가 급진전되고, 금융 부문의 규제가 완화되기 시작한 1970년대 후반부터 은행위기가 급증하기 시작하였습니다. 이는 1930년대 대공황 이후 금융 부문에 대한 규제를 강화해 은행위기가 크게 줄어들었고, 1940년대부터 1970년대 전반까지 은행위기를 겪은 국가들이 거의 사라진 것과 대비됩니다.

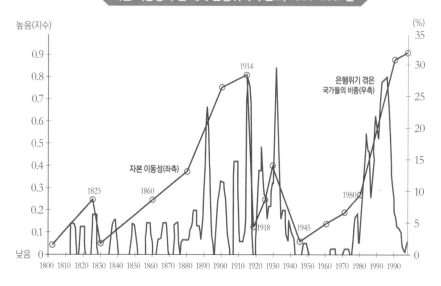

자본 이동성과 전 세계 은행위기의 빈도, 1800~2007년

출처: Carmen M. Reinhart and Kenneth S. Rogoff, 2008, THIS TIME IS DIFFERENT: A PANORAMIC VIEW OF EIGHT CENTURIES OF FINANCIAL CRISIS, NBER Working Paper 13882.

금융위기의 원인

규제 완화를 통해 금융 부문의 규모를 급팽창시킨 미국의 정책은 성공적이었습니다. 경제 성장률은 회복되었고 많은 사람들이 금융 상품에 투자함으로써 돈을 벌 수 있었습니다. 사람들은 더 많은 자유를 원했고 정부는 최고 수준의 금융 자유화를 추진했습니다. 예를 들어, 미국은 1984년 1분기부터 2006년 2분기까지 인플레이션율과 실업률 하락을 경험하였습니다. 미국 경제학자들은 이 시기를 낮은 인플레이션과 고성장 그리고 가벼운 침체를 경험한 '대안정기'로 부릅니다. 그리고 이러한 성장은 금융 혁신에 의해 파산 리스크를 분산시킴으로써 가능했다고 믿었습니다.

하지만 중요한 것을 그들은 잊고 있었습니다. 그들이 투자한 금융 상품들이 사실 실체가 없다는 것입니다. 사람들은 2008년 미국발 금융위기로 불황을 겪고 나서 그 사실을 깨닫게 됩니다. 오바마는 취임 두 달가량 후인 2009년 3월 19일 출연한 NBC 방송의 심야 토크 프로그램인 '투나잇 쇼(Tonight Show with Jay Leno)'에서 "지난 15~20년간 미국은 금융시장에서 많은 이익을 냈으며 이는 미국 전체 경제의 40%에 달하는 것으로 추정된다. 그러나 알고 보니 성장의 실체는 없었다"며 금융에 의한 성장은 신기루였음을 고백하였습니다.[40]

실체가 없는 것에 대해 사람들은 왜 그렇게 열광하고 투자한 것일까요? 왜 정부는 금융위기가 일어날 것이라는 것을 알지 못했을까요? 원인은 간단합니다. 금융시장이 너무나 과열되었고 정부는 그에 대한 규제 정책을 펼치지 않았기 때

---

40) New York Times, "President Barack Obama on 'The Tonight Show with Jay Leno'," MARCH 19, 2009. http://www.nytimes.com/2009/03/20/us/politics/20obama.text.html.

문입니다.

1990년대 들어서면서 경제 성장이 주춤하였고 소득격차가 벌어지기 시작했습니다. 지금은 진부한 표현이 된 '고용 없는 성장' 혹은 '고용 없는 경기 회복' 개념은 1991년 경기 침체에서 처음 등장한 것이었습니다. 일반적으로 '고용 없는 성장'은 좁은 의미로는 경기 순환상 경기 회복 국면에서 8분기(24개월) 혹은 그 이상의 기간 동안 지속되는 '일자리 없는 경기 회복' 현상을 지칭합니다. 그러나 넓은 의미로는 경제 성장 속도에 비해 상대적으로 일자리가 지체되는 현상, 그리고 이 두 현상의 상호작용으로 인해 확대 강화되는 고용 불안정성 현상을 포괄합니다.

앞에서 지적했듯이 당시 미국은 유럽의 높은 실업률을 '유럽병'이라 비난하며 미국 노동시장의 유연성을 자랑했습니다. 즉 유럽 노동시장에 비교해 유연성과 효율성은 미국 노동시장의 특성이었습니다. 그런데 '고용 없는 성장' 현상 앞에 유연성을 자랑하던 미국 고용시스템이 위기를 맞은 것입니다. 장기 실업 상태와 취약한 사회 안전망은 노동자와 그 가족의 의료 서비스 혜택을 포함해 삶의 기본 조건을 위협하였습니다. 즉 '고용 없는 성장'은 단순한 경제 문제가 아닌 정치, 사회 문제가 되었습니다.

이에 대해 미국 정치권이 선택한 핵심 해법은 무주택자 및 저소득자에 대한 주택 신용 지원이었습니다. 월가는 새로운 비즈니스 수익원에 환호하였고, 시민은 주택 가격의 상승과 주택 소유 가능성으로 지지하였고, 주택 경기 활성화 및 자산 가치 증가에 기초한 경기 부양과 고용 증대 기대로 정치권 역시 여야 모두 찬성하였습니다. 이처럼 미국 정부는 더 수준 높은 금융시장 완화 정책으로 경제를 회복할 수 있으며, 국민들의 불만을 잠재울 수 있다고 생각했습니다.

클린턴 행정부의 '국민주택 보유 증대 전략' 보고서(1995년)의 서문은 "주택 보유율이 늘어나게 되면 미국 가정과 공동체의 힘이 증대될 것이고 미국 경제의 힘도 강화될 것이며 미국의 중산층도 따라서 증가할 것이다. (중략) 따라서 주택 보유의 걸림돌이 되는 모든 금융 장벽을 제거해야만 할 것이다."고 밝혔습니다. 그에 따라 중간 소득자 미만 소득자, 특히 소수 계층이 밀집된 저소득층 주민에게 주택금융 지원이 집중되었습니다. 저소득층 대출 비중은 1995년 42%에서 2000년에 50%까지 상승하였습니다.

이러한 변화를 주도한 것은 금융 부문의 로비였습니다. 즉 금융계는 주택 붐이 일자 저소득층 대상의 고금리 대출 상품을 수익성 사업으로 인식하였습니다. 해외 투자가들이 모기지 담보증권(MBS)들을 미국 국채와 사실상 같은 증권으로 취급한 것도 이러한 정부 정책 때문에 가능한 것이었습니다.

미국 금융기관들이 발행한 증권의 40~50%가 외국인에 의해 매수되었습니다. 또한 클린턴 행정부의 서브프라임 시장 지원이 발표되자 모기지 대출업체가 경쟁적으로 설립되었습니다. 예를 들어, 2007년 4월 파산 신청하여 이른바 서브프라임 모기지론 사태의 출발점이 된 '뉴 센트리 파이낸셜' 역시 1995년 벤처자본 300만 달러로 설립되어 1997년에 상장된 후 영업의 상당 부분을 브로커(중개인)에게 외주하는 경영 방식으로 고속 성장한 미국 제2의 서브프라임 모기지론 회사였습니다.

저소득층에 대한 주택 신용 지원 정책은 부시 행정부에서 더욱 강화됩니다.

이른바 부시의 '소유자 사회'론입니다. 예를 들어 2002년 부시는 "미국 국민의 주택 보유가 증대하면 미국의 활기도 증대될 것이고 더 많은 국민이 미래의 중요한 부분을 공유할 수 있게 될 것입니다. (중략) 국민 누군가 내 집을 마련한다면 아메리칸 드림은 현실이 되는 것이라고 나는 믿습니다."

또한 2004년 10월 재선을 향한 선거운동에서 부시는 "미국 가정이 내 집 마련의 꿈을 이룰 때마다 미국은 더 강한 나라가 됩니다"라며 소유자 사회를 계속해서 추진할 것을 밝힙니다. 실제로 2004년에 정부가 보증한 모기지 업체인 프레디맥과 패니매 자산의 56%까지 저소득층에 대한 대출을 의무화시켰습니다. 연방 정부의 암묵적 보증과 보조금 속에 모기지 사업을 한 기업이 위험에 노출된 규모는 5조 달러에 달했습니다.

이른바 금융위기 이전 '환상에 불과했던 번영'은 사회 안전망 약화 속에 미국식 고용시스템이 파산하면서 생존 위기에 직면한 저소득층에게 빚을 내어 주택 구입을 부추기고 집값을 상승시킨 '신자유주의식 포퓰리즘(대중주의)'의 산물이었습니다. 이는 부채 급증이 저소득층 가구에 집중되었고, 저소득층의 주택 구입이 많아져 초기에는 주택 가격이 상승했지만 나중에는 주택 초과로 가격이 크게 하락하여 저소득층에게 더 큰 충격을 주었기 때문입니다.

한편으로 월가에 대한 규제 완화는 1990년대 말 절정에 달했습니다. 1990~98년 사이에 미국 은행이 27%나 감소할 정도로 1990년대 초 이래 미국 은행들은 위험을 피하기 위해 통합을 추진하였습니다. 1980년대 말 저축대부조합(S&L)의 대규모 부도와 정부의 구제는 위험성 높은 사업이 파산할 경우 사업

규모가 클수록 정부가 구제할 것이라는 인식을 가져왔기 때문입니다.

통합의 상징적 사건이 1998년 4월의 트래블러 보험회사(Travelers Insurance Group) 와 시티그룹(Citicorp)의 합병이었습니다. 문제는 당시 미국의 은행법은 은행이 증권이나 보험 등 다른 금융 업무를 수행할 수 없게 하였다는 점입니다. 이를 뒷받침하기 위해 1999년 11월 금융산업 경쟁력을 명분으로 내세운 클린턴 행정부의 정책과 월스트리트 상업은행들의 로비력이 맞물리면서 상업은행의 주식 투자를 허용하는, 즉 은행·증권사·보험사 간 제휴 및 합병 촉진을 주요 내용으로 하는 '금융 서비스 현대화 법안' 이른바 '그램-리치-블라일리법(Gramm-Leach-Bliley Act)'이 제정됩니다.

이 법이 제정되기 전까지 상업은행과 투자은행의 업무는 분리되어 있었습니다. 상업은행은 개인이나 기업을 상대로 예금을 받고 단기 대출을 원칙으로 하는 일반 시중은행이며, 투자은행은 주식·채권 등 증권 인수 및 판매(중개 업무)를 통하여 산업에 장기자금을 공급하거나 혹은 기업의 인수 합병 등의 업무를 수행하는 은행입니다. 그런데 금융 업무의 겸업을 허용함으로써 대형 은행이 상업은행과 더불어 보험회사, 헤지 펀드 등을 모두 운영하고 위험도가 높은 상품에 투자할 수 있게 만들었습니다.

이러한 법안과 규제 완화 등과 더불어 무주택자 및 저소득자에 대한 주택 신용 지원 정책은 월가 대형 은행에게 수익성 높은 사업 기회를 제공합니다. 전통적으로 은행으로부터 대출받기 어려웠던 가난한 사람들에게 낮은 금리로 돈을 빌려주고 주택을 구매할 수 있게 만드는 정책으로 사람들은 너도 나도 주택을 구매하고, 그 결과 주택 가격이 상승하자 사람들은 살기 위해 주택을 사는 것이 아닌, 돈을 벌기 위해 주택을 사기 시작했습니다. 주택 가격은 더욱 가파르게 올랐습니다.

여러분도 아시다시피 어떤 상품의 가격이 끝없이 올라갈 수는 없습니다. 2000년대 중반이 되자 부동산 거품은 결국 꺼지게 됩니다. 부동산에 뒤늦게 투기한 많은 사람들은 돈을 잃고 빚을 지게 되었습니다. 그런데 문제는 단지 미국 부동산 거품이 꺼졌을 뿐인데, 전 세계경제가 휘청거렸다는 것입니다.

어떻게 된 일일까요? 이를 알기 위해서는 '미국 정부가 신용도 없는 가난한 사람들에게 어떻게 돈을 빌려줄 수 있었을까?'에 대한 의문을 해결해야 합니다. 은행이 신용 낮은 사람에게 돈을 빌려주었다면 이득이 되기 때문일 것입니다. 정부의 규제 완화와 새롭게 개발한 금융 상품 때문이었습니다. 대표적 상품으로 CDO(부채담보증권)와 CDS(신용파산스왑)를 들 수 있습니다. 두 상품 모두 복잡한 파생금융 상품입니다.

가난한 사람이 주택을 사기 위해 은행에서 돈을 빌렸는데 주택 가격이 대출받은 돈보다 하락할 경우 돈을 못 갚을 확률이 매우 높습니다. 한편, 돈을 빌려준 은행은 '돈을 돌려받을 권리'를 증권으로 만들어 팔기를 원합니다. 팔게 되면 추가로 대출 자금을 확보할 수 있을 뿐만 아니라 위험도 투자자에게 옮겨 줄 수 있기 때문입니다.

하지만 투자자들은 그 '권리'를 사고 싶지 않았습니다. 가난한 사람들로부터 '돈 받을 권리'이기 때문에 투자 위험성이 너무나 컸습니다. 그래서 은행은 그

'권리'를 팔기 위해 위험성을 낮출 방법을 찾습니다. 바로, '돈 받을 권리'들을 모아서 새로운 상품을 만드는 것입니다.

예를 들면, 시티은행이 LA에 거주하는 스미스에게 주택 구입에 필요한 20만 달러를, 휴스턴에 거주하는 존슨에게 마찬가지로 20만 달러를, 애틀랜타에 거주하는 조지에게 20만 달러를 대출해 주었습니다.

이 세 사람 모두 가난한 사람들이라 신용도가 낮을 수밖에 없습니다. 이들에게 대출된 주택구입 자금이 이른바 '서브프라임 모기지'입니다. 이들에게 대출된 자금의 이자율은 상대적으로 높을 수밖에 없습니다. 여기서 이들이 빌린 돈을 못 갚을 확률을 10%(0.1)라고 가정합시다. 이는 은행이 세 사람에게 무사히

돈을 회수할 수 있는 확률이 90%(0.9)에 불과한 것을 의미하기에 '돈을 돌려받을 권리'를 증권으로 만들어 팔면, 투자 수익률이 상대적으로 높아도 투자 위험성이 높기 때문에 팔리지 않습니다. 그래서 은행은 이 권리들을 섞어서 새로운 상품을 만듭니다. 세 사람 중 한 사람 이상이 대출받은 돈을 갚을 경우에는 투자금을 무사히 회수할 수 있는 증권인 것입니다.

이렇게 새로 만든 증권(권리)에 투자할 때 손실을 볼 확률, 즉 세 사람이 동시에 모두 돈을 못 갚는 경우$(0.1×0.1×0.1)$는 0.001(0.1%)로 줄어듭니다. 이 상품은 매우 안전한 상품이 되었기에 높은 투자 등급을 받을 수 있고, 동시에 상대적으로 수익이 높기에 팔릴 수 있게 됩니다. 이렇게 만든 상품을 CDO라고 합니다.

전 세계 사람들은 위험도가 낮아 보이지만 수익은 높은 CDO에 투자하기 시작합니다. 유럽의 대형 은행뿐 아니라 우리나라의 우리은행과 농협 등도 이 상품에 투자했습니다. 그리고 CDO와 함께 CDS라는 상품도 만들어지는데 CDS는 쉽게 CDO의 보험상품이라고 생각하면 됩니다. CDO에 투자하여 손실이 발생했을 때 보상받을 수 있게 해주는 상품인 셈입니다. 전 세계 대형 은행들은 CDO에 투자하면서 CDS도 매입한 반면, 대형 보험회사인 AIG 등이 CDS를 판매했습니다.

1990년대부터 금융위기가 터질 때까지 은행은 가난한 사람들에게 계속 돈을 빌려주어 집을 사도록 부추겼고, 부동산 시장에는 거품이 끼고, 전 세계의 투자자들은 새로운 금융 상품에 투자했습니다. 서로가 얽히고설킨 채로 금융시장은 발전했고 사람들은 돈을 벌었습니다. 주택 가격이 상승하는 동안은 모두가 행복

했습니다. 하지만 금융위기는 진행되었습니다. 주택 가격은 무한히 상승할 수 없기 때문입니다. 주택시장의 과열을 우려한 미국 중앙은행 연준이 금리를 인상하면서 주택 구입 자금에 대한 상환 부담이 커졌고 연체도 증가했습니다. 커질 대로 커진 부동산 거품은 결국 터졌습니다. 집값이 하락세로 전환한 것입니다.

집값이 오를 거라고 돈을 빌려서 부동산 시장에 투자했던 사람들은 한순간에 엄청난 빚을 지게 되었습니다. CDO의 가격도 떨어지기 시작했습니다. 앞에서 설명한 대로 CDO는 '사람들의 돈 받을 권리'를 모아 놓은 상품입니다. 그런데 돈을 빌렸던 가난한 사람들이 돈을 갚을 수 없게 되었으니 그 권리를 기초로 만들어진 CDO가 휴지조각이 된 것입니다. 반면 CDO의 보험상품이었던 CDS에 투자한 사람들은 엄청난 돈을 벌게 됩니다. CDO의 가치가 떨어졌으니 그만큼 보상을 받게 된 것입니다. 반면 CDS를 발행한 기업은 파산하게 되었습니다. 보상 수준이 너무나 컸기 때문입니다.

CDS를 발행한 보험회사가 파산하면 CDO에 투자한 금융회사들도 대규모 손실이 발생하거나 파산 위기에 직면합니다. 리먼 브러더스라는 대형 투자은행의 파산이 대표적 경우입니다. 대형 금융회사들의 파산 가능성이 높아지면서 미국 정부는 1823억 달러라는 미국 역사상 최대 규모의 공적 자금을 투입하여 CDS를 발행한 AIG를 구제하기로 결정합니다.

많은 금융회사들이 어려움에 직면하면서 시장에 돈이 순환하지 않자 기업은 자금 조달이 어려워지고 부도 위기에 내몰립니다. 기업은 위기에 대한 대응으로 구조조정을 통해 많은 노동자들을 해고했고 노동자들은 실업자가 되었습니다.

금융회사의 구제에 공적 자금을 투입하면서 정부의 부채는 크게 증가했고, 일부 정부는 파산 위기로 내몰리는 등 국가 전체의 위기로 발전하면서 모든 국민의 삶을 파괴했습니다. 미국의 경우 8조 달러라는 돈을 새로 찍어 대형 금융회사들을 구제한 반면, 2006~15년간 미국에서 압류된 주택 규모는 780만 8913채에 달할 정도로 미국 가계는 깊은 내상을 입었습니다.

금융시장의 개방과 치고 빠지는 투기 자본

지금까지 미국발 금융위기에 대한 설명이었습니다. 이번에는 우리나라 경제에 가장 큰 타격을 주었던 1997년 외환위기에 대해 얘기해 볼까 합니다. 외환위기는 말 그대로 우리나라에 '달러'라는 외환이 없어서 겪은 위기입니다. 왜 갑자기 달러가 우리나라 밖으로 나가게 되었을까요? 우리나라는 1980년대부터 미국으로부터 금융시장 개방 압력이 증가하면서 장기적인 계획을 마련하고 점진적으로 개방해 왔습니다.

그런데 1993년 출범한 김영삼 정부는 세계화 및 신한국 건설을 국정 과제로 추진하면서 OECD 가입을 추진했고, 이를 위해 선진국 수준의 자본시장 개방을 추진하는 등 금융시장 개방을 가속화시킵니다. 김영삼 정부가 금융시장에 대한 규제를 완화하기 시작하자 우리나라에 많은 해외 자금이 들어왔습니다. 문제는 그 돈이 장기 투자 목적의 자금이 아니라 단기간 내 수익을 얻으려는 투기성 자본이었다는 것입니다.

이러한 단기 투자는 우리나라의 경제위기가 예상될 때 빠르게 빠져나갈 수밖에 없습니다. 따라서 자본시장의 규제 완화 정책은 경제가 활성화 될 때는 투자가 활성화 될 수 있지만 경제가 나빠질 때는 상황을 더욱 악화시키는 결과를 초래합니다. 거기다 당시 우리나라는 제대로 된 자본시장을 갖추지 못했습니다. 특히, 유가증권의 발행·인수 및 투자에 의해 장기 자금을 공급하는 투자은행이나 증권시장 등이 제대로 발전하지 못했습니다.

기업이 필요로 하는 자금의 대부분은 정부가 통제하는 은행에 의해 이루어졌습니다. 정부 주도의 경제성장보다 시장 중심의 성장으로 방향을 전환한 김영삼 정부 출범 당시 자본시장은 유아 수준이었습니다. 파생금융 상품은 1990년 7월부터나 거래되기 시작했고, 1992년부터 외국인이 우리나라 주식을 거래할 수 있었습니다. 그러한 상황에서 OECD 가입을 위해 자본시장의 개방 일정을 앞당긴 것입니다. 당시 일부 경제 전문가들을 포함하여 정부는 시장 개방을 가속화시킬 경우 우리나라 자본시장을 발전시킬 수 있다고 착각했던 것입니다.

준비가 안 된 상황에서 시장 개방의 비용은 혹독했습니다. 김영삼 정부 출범 이전부터 진행되던 무역수지 적자는 1993년을 제외하고 OECD 가입을 본격적으로 추진하던 1994년부터 심화되었습니다. 그런데 무역수지 적자를 해외에서 유입된 자금으로 막은 결과 우리나라의 통화가치는 고평가되었고, 원화 가치가 올라가자 해외에 판매하는 우리나라 상품 가격이 올라가 무역수지 적자는 더욱 더 증가하였습니다.

1997년 초부터 해외 투자자들 사이에서 아시아 지역 경제에 대한 우려감이 고조되기 시작하면서 투자 자금은 빠르게 회수되었습니다. 급격한 자본 유출에 따라 달러가 부족해졌고 국가 부도 사태에 내몰렸습니다. 문제는 IMF 구제금융 신청을 바로 앞둔 시점에서도 정부나 한국은행, 민간 금융회사나 경제연구소 등 모두 우리나라 금융시장을 동남아 국가와는 다르다며 위기 상황으로 전혀 인식하지 못했다는 점입니다.[41]

1997년 초 1달러에 843원 정도 하던 달러 가치가 12월 23일에는 장중 2000원을 돌파할 정도로 국가 부도 우려는 지속되었습니다. 국제신용평가기관들이 우리나라 신용등급을 잇달아 낮추자 신규 자금 차입과 기존 차입금 만기연장이 더 어려워졌고, 정부조차 외화 차입이 불가능하게 되었습니다.

외환위기 영향으로 기업이 3개월 만기 어음으로 빌리는 이자율이 연 38%를 넘어설 정도로 자금시장에서 금리도 폭등하는 등 극심한 자금 경색 현상을 빚습니다. 1997년 최고 800선까지 갔던 코스피 지수는 330대까지 하락합니다. 외화 부족 상태에 내몰린 은행들은 국내 기업의 수출환어음과 신용장 매입을 꺼리며 무역업체들의 자금난을 부채질하고 부도로 내몰았습니다. 그리고 170만 명이나 넘는 사람들이 실업자로 쏟아져 나왔습니다.

외환위기는 여기서 끝나지 않았습니다. IMF는 우리 정부에게 달러를 빌려주는 대신 많은 요구를 했습니다. 무역 및 자본의 자유화, 탈규제를 통한 무한경쟁과 정부의 긴축재정, 민영화 및 정부 개입 축소 등 '워싱턴 컨센서스'(미국식 시장경제

41) 매일경제, "'금융위기' 전문가 긴급좌담 금융시장 불안 파국까진 안 간다-원봉희 재경원 금융총괄 심의관, 이강남 한국은행 이사, 이익치 현대증권 이사, 이한구 대우경제연구소 소장", 1997. 9. 2.

체제의 대외 확산 전략)의 전도사 역할을 수행했던 IMF는 우리나라에게 긴축재정과 구조조정을 요구했습니다. 그래야 IMF의 주요 출자국들은 빌려준 돈을 빠르게 회수할 수 있고, 동시에 IMF의 최대 출자국인 미국식 모델을 확장시킬 수 있기 때문입니다.

안 그래도 IMF 이전부터 도산한 기업들 때문에 늘어난 실업자는 정부가 추진한 구조조정으로 그 수가 더욱 늘어납니다. 부도기업의 수는 1997년 3분기 3834개에서 4분기 6101개로 급증했고, 외환위기 이후인 1998년 1분기에는 9449개까지 급증했습니다.[42]

외환위기 이후 많은 가족이 해체되었고, 길거리로 노숙자가 쏟아졌습니다. 게

---

42) 한국은행, 경제통계, 부도업체 수.

다가 긴축재정으로 정부의 복지정책은 더욱 감소했습니다. 일자리를 잃은 많은 사람이 국가가 자신의 삶을 책임져 주지 않자 생활고를 비관하다 결국 자살하기도 했습니다. 하지만 해외 투자자들과 일부 최상위 계층은 오히려 더 많은 돈을 벌었습니다. 노력에 따라 보상 받을 수 있다는 말은 더 이상 믿을 수 없게 되었습니다.

우리나라뿐만 아니라 자국의 통화를 대외결제통화로 사용할 수 있는 선진국을 제외한 많은 개발도상국에서 이러한 현상을 겪었습니다. 이자율과 환율에 따라 단기간에 움직이는 투기성 자본이 늘어났고, 외국 투자자의 그러한 투기적 행위 때문에 한 국가의 금융시장은 불안정해졌습니다.

예를 들어 개발도상국인 A국가가 있습니다. 개발도상국의 이자율은 투자 위험성 때문에 선진국보다 높을 수밖에 없습니다. 투자자들은 선진국에서 달러를 빌려 A국가에 투자합니다. 투자할 때에는 금융시장에서 달러를 투자 국가의 화폐로 교환해야 합니다. 그래서 A국의 금융시장에는 달러가 풀립니다. 시장에 달러가 많아지면 달러 가치는 떨어집니다. 그리고 환율이 떨어지면 자국 상품의 가격경쟁력이 하락하기 때문에 수출이 감소합니다. 1달러가 1000원이라 가정했을 때 1000원인 A상품은 1달러로 팔 수 있습니다. 그런데 1달러의 가치가 1000원에서 500원으로 하락하게 되면 A상품은 2달러로 팔아야 합니다. 가격이 더 비싸졌으니 외국에서는 A상품 사는 걸 꺼리게 될 것입니다.

달러 가치의 하락은 더 많은 자본을 끌어들입니다. 개발도상국 통화의 가치가 상대적으로 커졌으니 투자했을 때 더 많은 수익을 얻을 수 있기 때문입니다. 예

세계 환율 차이에 따른 단기 투기성 자본 증가

를 들어 1달러의 가치가 1100원인 상황에서 해외 투자자가 100만 달러(11억 원)를 한국의 채권이나 주식 등 증권에 투자했습니다. 그런데 1달러의 가치가 1000원으로 하락하면 증권 투자에서 수익을 내지 못했어도 110만 달러를 회수하게 됩니다.

그 결과 A국의 금융시장은 정부가 관리할 수 없을 만큼 변동성이 심해집니다. 한 나라가 안정적인 금융시장을 가질 때 국민을 위한 정책을 펼칠 수 있고 국민도 안정적인 삶을 영위할 수 있습니다. 하지만 외국 투자자들의 투기로 인해 금융시장이 불안정하다면 국민은 피해를 입을 수밖에 없습니다.

물론 자본이 부족한 국가에서 외국인 투자는 사막에서 오아시스를 찾은 것 같을 것입니다. 우리나라도 1960년대 외국에서 끌어온 자본으로 높은 경제 성장을 이룰 수 있었습니다. 하지만 중요한 것은 그 자본이 '실제로' 투자에 사용되었느냐는 것입니다. 단기 투자 자본은 사실상 불필요한 자본입니다. 그런데 금융시장의 완전한 개방은 이러한 자본이 들어올 수 있도록 문을 열어 주겠다는 뜻입니다.

정부는 국민을 지킬 의무가 있으므로 금융시장에는 그러한 투기성 자본이 들어오지 못하도록 적절한 규제를 해야 할 의무가 있습니다. 무조건적으로 개방하는 것은 정부로서 무책임한 행동입니다. 게다가 우리나라의 기업, 특히 대기업은 투자할 자금을 조달하지 못하기보다는 투자할 대상(새로운 수익사업)을 찾지 못한 상황이기에 자본시장 개방이 기업 투자와 경제 성장에 도움이 될 거라는 단순 논리는 무책임합니다.

05장

민주주의 사회에서 피어나는

전체주의
이데올로기

왜곡된 다수결의 원칙을 보여준 독일의 나치당과 히틀러

우리나라뿐만 아니라 대부분의 선진국은 '민주주의'를 지향하고 있습니다. '민주주의' 한자어를 해석하면 '백성이 주인'이므로, 이는 국가의 주권이 시민 또는 인민에게 있다는 사상을 말합니다. 진정한 민주주의를 따르는 국가는 위계 질서가 필요 없으며 토론과 합의를 통해 정치적 의사를 결정합니다. 따라서 민주주의를 지향하는 국가는 모든 정치적·경제적인 판단을 국가의 주인인 인민을 위해 해야 합니다.

하지만 인민을 어떻게 정의하느냐에 따라 국가의 주인이 정해졌기 때문에, 민주주의의 역사는 '인민을 어디까지 포함시킬 수 있는 개념이냐'에 대한 정치적 투쟁의 역사로 볼 수 있습니다.[43] 예를 들어 유럽에서 18세기 신흥 부르주아 계급이 발전하면서 이들은 국가의 주인이 되기 위해 시민혁명을 일으켰고, 결국 '시민'이 됩니다. 여기서 부르주아란, 우리말로 자본가 또는 기업가라고 생각하면 됩니다.

18세기 산업혁명으로 인해 많은 자본가들이 생겨났습니다. 한편 자본가가 존재하기 위해서는 그 밑에서 일하는 노동자도 존재해야 합니다. 시민혁명 후에도 노동자는 아직 '시민'의 계급에 들어서지 못했고, 그들은 '시민'이 되기 위해 투쟁했습니다. 하지만 이 투쟁은 패배했거나 현재 진행 중입니다. 민주주의라는 미명 하에 '통치'와 '공동체 구성원의 자격'이 강화됨에 따라 우리는 파시즘, 나치즘 등 전체주의를 만나기도 했습니다.

파시즘의 예로 제1차 세계대전이 끝난 후 독일을 들 수 있습니다. 당시 보수주의자들은 독일이 패전한 이유가 사회주의자들 때문이라고 주장했습니다. 사회

---

43) 이승원, 2014, 『민주주의』, 책세상, pp. 9~12.

주의자들이 "반전운동을 일으킨 사회주의 세력이 독일 수병들을 부추겨 항명 봉기를 일으켰고 이 때문에 독일군의 사기가 떨어져 패배했다"[44]는 것입니다. 자국의 패배 사실에 힘들어했던 독일 사람들이 히틀러와 나치당을 지지하게 된 것입니다. 이는 민주주의의 왜곡된 모습입니다. 이러한 역사를 통해 우리는 형식적인 다수결의 원칙이 진정한 민주주의가 될 수 있는지 의문을 갖게 되며, 민주주의가 잘못된 길로 나아갈 수도 있다는 사실을 깨닫습니다.

민주주의는 한 국가에 한정된 개념이 아닙니다. 전 세계적으로 각 국가가 서로 이해하고 존중하고 토론과 협의를 통해 모든 결정을 내릴 때 진정한 민주주의를 지켰다고 할 수 있을 것입니다. 만약 자국의 이익을 위해 선택한 행동이 다른 국가에게 피해를 주거나, 자신이 주장하는 민주주의 체제를 다른 국가에게 강요한다면 이 국가는 비록 자국 내에서 '민주주의'를 실현한다고 할지라도, 민주주의를 지킨 국가라고 말할 수 없을 것입니다.

이제 우리나라의 민주주의 상황을 통해 민주주의를 발전시키기 위해서는 어떻게 해야 하는지, 미국의 헤게모니(주도권)가 민주주의 발전에 도움을 주는지, 그리고 최근에 왜 다시 극우주의가 등장하고 있는지에 대해서 다뤄 보려고 합니다. 그보다 앞서 우리 민주주의의 역사와 현주소, 그리고 앞 세대들이 생각했던 민주주의를 간단히 살펴보겠습니다.

---

44) 이승원, 2014, p. 84.

독립운동가들이 열망했던 민주주의

아마 여러분은 우리 모두가 당연히 '시민'이 되었다고 생각할 것입니다. 그렇게 배워 왔기 때문입니다. 하지만 곰곰이 생각해 보면 우리는 '시민'으로서의 권리를 평화롭게 얻은 적이 없습니다. 우리나라의 역사를 잠깐 살펴보면, 일제강점기에서 해방된 후 우리나라는 냉전체제와 함께 둘로 나뉘었습니다. 남한에서는 이승만이 정권을 잡았습니다. 이승만은 자유민주주의를 헌법으로 내걸었으나 민주주의를 지키지 않았고 자신의 정권에 대항하는 자들을 '공산주의자'라고 몰아세우며 감옥에 가두거나 심지어 사형시켰습니다. 대표적으로 '조봉암 진보당 사건'을 들 수 있습니다.

당시 이승만 정권과 자유당은 권력을 유지하기 위해 부정선거도 서슴지 않았습니다. 1956년 대통령 선거에서 "선거에서는 이기고, 개표에서 졌다"는 부정선거 주장이 제기될 정도로 조봉암은 이승만 정권에 위협이 되었습니다. 그러자 이승만 정권은 조봉암에게 간첩, 국가보안법 위반, 무기 불법 소지 혐의를 씌워 사형을 선고했고, 재심 청구를 기각한 후 바로 다음 날 사형(1959년 7월 31일)을 집행하였습니다.

우리나라는 사실상 민주주의 국가가 아니었던 것입니다. 학생을 중심으로 시민들은 4.19혁명으로 독재정권을 무너뜨렸고 이승만을 하야시켰습니다. 물론 그 뒤에 또다시 독재정권이 들어섰지만, 그때마다 시민들은 정부에 대항했고 그 결과 우리나라는 현재의 민주주의를 만들 수 있었습니다. 하지만 아직 민주주의 발전은 끝나지 않았습니다.

2012년 대통령 선거에서는 국가정보원이 인터넷을 통해 여론을 조작하는 등 선거에 개입함으로써 공정한 민주주의 투표권이 무너졌습니다. 2014년에 침몰된 세월호에는 300여 명의 사람들이 있었는데, 정부는 발빠른 대처를 하지 못했고 오히려 침몰한 원인을 감추기에 급급하였습니다. 2015년에 정부는 역사 교과서를 하나로 만들어 국가가 발행하겠다는 정책을 발표했습니다. 분명히 대부분의 국민이 반대했으나 정부는 그대로 강행하였습니다. 또 정부 정책이 잘못되었다고 주장했던 백남기 농민은 물대포를 맞고 결국 목숨을 잃었습니다. 모두 최근에 일어난 사건들입니다.

여러분은 지금 국민의 주장과 의견이 현실에 반영된다고 생각하나요? 정부가 진행하는 모든 정책과 일이 과연 국민과 토론하고 합의된 일인가요? 투표로 인해 뽑힌 대통령과 국회의원은 우리를 대변하나요?

결론적으로 우리나라의 민주주의는 완성되지 않았으며 역사적으로 봤을 때 우리의 권리를 찾아 싸울 때에만 민주주의가 발전할 수 있다는 사실을 알게 되었을 것입니다. 우리 앞 세대들이 꿈꿨던 민주주의는 아직도 요원해 보입니다.

헌법 전문에는 '각인의 기회를 균등히 하고', '국민생활의 균등한 향상을 기하고'라는 내용이 있습니다. 이 내용은 일제 강점기였던 1941년, 임시정부가 제정한 건국 강령의 기본 정치철학, 즉 조소앙의 삼균(三均)주의에서 온 것입니다. '삼균주의'는 일제 강점기에서 벗어난 이후에는 정치, 경제, 교육에서 균등한 권력, 균등한 부, 균등한 교육이 보장되는 나라를 만들자는 독립운동가들의 열망을 집약한 것이었습니다. 나라가 해방된 지 60년이 지났음에도 독립운동가들의 열망은 실현되지 않은 듯합니다.

세계의 재식민지화와 미국 헤게모니 체제

미국은 제2차 세계대전이 끝난 후 전 세계에서 가장 강한 국가가 되었습니다. 자신의 세력을 넓히기 위해 미국은 막강한 경제력을 활용하여 '인민 민주주의'인 공산주의에 대한 '자유 민주주의'의 우위성을 선전하면서 친미 국가를 확대시켰습니다. 미국 헤게모니(hegemony)의 역사가 시작된 것입니다.

헤게모니란 "한 집단·국가·문화가 다른 집단·국가·문화를 지배하는 것"을 이르는 용어입니다.[45] 즉 미국은 자신의 영향력을 확대시키기 위해 민주주의 국가인가보다는 친미 국가인지가 중요했습니다.

사실, 국민 주권 원칙에 기초한 민주주의는 기본적으로 자주 국가를 지향할 수밖에 없고, 따라서 민주주의가 강한 국가일수록 미국 헤게모니와 충돌할 가능성도 높습니다. 우리나라를 보더라도 급격한 경제성장을 했던 1960~70년대 박정희 정권은 부르주아 민주주의가 아닌 독재정치를 했습니다.

냉전체제 아래 소련과의 경쟁으로 미국은 자신을 따르는 국가들에게 사실상 민주주의보다 '반공산주의'를 내걸게 만들었고, 그 국가들의 민주주의를 무너

---

45) '헤게모니'란 이탈리아 공산주의 운동가이자 사상가인 안토니오 그람시(Antonio Gramsci)가 "왜 프롤레타리아 혁명이 일어나지 않는가?"라는 의문을 갖고 처음으로 제기한 개념입니다. 그는 헤게모니를 "특정한 역사적 시기에서 지배계급이 국가의 경제적·정치적·문화적인 방향에 대한 자신들의 권력을 유지하기 위해 피지배계급에 대한 직접적인 강압보다는 문화적 수단을 통해 사회적·문화적인 지도력을 발휘하는 능력"으로 정의했습니다.

뜨리는 존재가 되었습니다.

미국의 부르주아 민주주의 헤게모니는 1990년대 소련이 무너져도 계속되었습니다. 하지만 많은 국가들이 민주주의를 더 발전시켰는데, 그것은 미국에 의한 것이 아니라 해당 국가의 국민이 스스로 지배계급 및 기득권 세력과의 싸움을 통해 발전시켜 나간 것이었습니다.

초기의 미국 헤게모니는 군사력과 경제력 등에 기초한 것이었습니다. 예를 들어, 1940년 12월 29일 미국 대통령 루스벨트는 '노변 담화(Fireside Chats)'라는 이름이 붙은 라디오 방송을 통해 미국이 '민주주의의 병기창(arsenal of democracy)'이 되어야 한다고 역설했습니다.

루스벨트는 1940년 말 징집령을 발동할 수 있는 군사력 증강 법안에 이어, 1941년 1월 6일 의회에 보낸 연두교서에서 '언론의 자유, 신앙의 자유, 결핍으로부터의 자유, 공포로부터의 자유' 등 네 가지 자유를 역설하면서 미국의 이익을 위해 꼭 방위할 필요가 있다고 생각되는 국가들에게 무기 원조를 요청했고, 그 법안은 1941년 3월 8일 상원에서 60대 31, 3월 11일 하원에서 317 대 71로 가결되었습니다.

미국 언론계의 거물 헨리 루스(Henry R. Luce)는 '미국의 세기(American Century)'라는 표제가 붙은 그 유명한 〈라이프(Life)〉지 1941년 2월 17일자 사설을 통해 미국이 다가오는 세계대전의 결과를 결정하고 연합국의 승리 이후 세계를 자유와 질서로 선도할 의무와 기회를 가지고 있다며 "미국의 세기가 오고 있다"고 단언했습니다. 실제로 제2차 세계대전 이후 미국은 사실상 미국의 이해관계를 전 인류의 이해관계와 완전히 동일시할 정도로 나머지 세계의 미래를 결정했습니다.

그러나 앞에서 보았듯이 일본 및 독일(서독)을 포함한 서유럽 국가들의 경제 부흥에 따른 미국 경제력의 절대적 우위가 약화되기 시작한 1960년대 후반부터 미국 헤게모니에 변화가 발생합니다. '미국의 세기'에서 '미국화된 세기'로 방향 전환을 시도한 것입니다. 앞장에서 보았던 신자유주의 헤게모니 구축 및 세계화 확산이 그것입니다.

세계화는 '워싱턴 컨센서스'를 '글로벌 스탠더드'로 바꾸었습니다. 즉 정보통신의 발달로 기존의 시간과 공간 개념이 축약되며 세계는 하나의 생활권 안에 놓이게 되었고, 개인이나 기업은 국제적 경쟁력을 갖추도록 강요되었습니다. 따라서 세계적인 생활기준을 몸에 익히는 것이 필요충분조건의 하나라는 '글로벌 스탠더드'의 논리가 부상하였습니다. 이 논리는 한걸음 나아가 개인이나 기업의 시스템, 국가의 법이나 제도 등을 세계적으로 통일된 기준에 부합시킬 것을 강요할 뿐 아니라 문화적으로도 세계적인 보편성을 강조 혹은 강요하였습니다.

그러나 '글로벌 스탠더드'의 구축 시도는 제도와 제도화를 구별하지 못했기에 실패가 예정된 것이었습니다. '제도화'란 제도가 내포한 문화적 가치가 내면화될 때 가능한 것[46]으로, 미국 제도가 이식되었다고 제도화되는 것은 아닙니다. 물론 미국은 세계적 보편성을 강조하며 미국 문화를 이식시키려 했지만, 한 사회의 구성원이 수천 년에 걸쳐 전달받고 배워 온 의식주, 언어, 풍습, 종교, 학문, 예술, 제도 등을 모두 포함하는 고유한 문화를 미국 문화로 대체시키는 것은 처음부터 불가능한 것이었습니다. 국가 간 이해와 문화 갈등을 초래할 수밖에 없기 때

---

46) S. Huntington, 1968, Political Order in Changing Societies. New Haven, CT: Yale University Press.

문입니다. 즉 미국의 기준을 '글로벌 스탠더드'로 내세우는, '미국화된 세기' 프로젝트의 실패는 자명한 것이었습니다.

미국의 신자유주의가 전파된 지 40년이 넘어가고, 이제부터 우리는 '미국화된 세기'의 결과를 차근차근 알아보려고 합니다. 첫 번째는 소득 불평등입니다. 신자유주의 헤게모니를 만들었던 미국 내에서, 그리고 그 체제를 받아들인 모든 국가에서 살고 있는 사람들 사이의 소득 불평등은 심화되었습니다.

OECD에 따르면 1980년대 중반 OECD 국가의 평균 지니계수는 0.29였지만 2011~12년에 0.32로 상승했으며, 21개국 중 16개국에서 지니계수가 높아졌다고 밝힌 바 있습니다. 지니계수는 소득이 얼마나 균등하게 분배되는가를 나타내는 지표로 0과 1 사이에서 값이 커질수록 빈부격차가 크다는 것을 뜻합니다.

오늘날 세계 상위 0.7%가 전 세계 재산 총액의 45.6%를 차지[47]하는 반면, 전 세계 약 절반에 해당하는 30억 명 이상이 하루 2.5달러 미만으로 살고, 특히 13억 명 이상은 하루 1.25달러 미만인 극단적 빈곤 상태에서 살아가고 있습니다.[48]

또 다른 보고서[49]에 따르면, 재산의 합이 하위 50%와 맞먹는 최상위 부자의 수는 2010년 388명에서 2012년 159명, 2014년 80명으로 급락해 왔는데, 세계 상위 소득자 1%가 나머지 인구 전체보다 더 많은 부를 차지하기 시작했던 2015년에는 8명으로까지 하락했습니다. 부의 불평등과 양극화가 개선되기는커녕 갈수록 심각해지는 것을 확인할 수 있습니다.

47) J. Davies, R. Lluberas and A. Shorrocks, 2016, Credit Suisse Global Wealth Databook 2016.

48) DoSomeThing.org, 11 Facts About Global Poverty. https://www.dosomething.org/us/facts/11-facts-about-global-poverty.

49) Oxfam, 2017, "An Economy For the 1%" (Jan. 18).

특히 1974년 0.355에서 2015년 0.448로 지니계수가 상승[50]할 정도로 미국은 선진국 중 소득 불평등이 가장 심한 나라입니다. 또한 1980년경 상위 10% 가구의 소득은 전체 소득 중 약 33%를 차지하였으나 금융위기 전까지 50%로 상승[51]할 만큼 소득 불평등은 악화되었습니다. 문제는 소득 불평등의 심화와 더불어 부의 대물림도 심화되고 있다는 점입니다.

대개 미국인은 결과의 평등보다 기회의 평등을 선호해 왔습니다. 그리고 지금까지 사회과학자들은 계급 없는 미국이 계급에 발목 잡힌 서유럽보다 계층 사다리를 타고 올라가기가 쉽다고 믿었습니다. 그런데 오늘날 미국 사회를 상징하

---

50) U.S. Census of Bureau, "Gini Ratios of Families by Race and Hispanic Origin of Householder."

51) A. Atkinson, T. Peketty, E. Saez, 2011, "Top Incomes in the Long Run of History," Journal of Economic Literature, Vol. 49 No. 1, p. 6, Figure 1.

던 기회의 평등과 계층 이동의 사다리는 실종되었습니다. 오늘날 미국의 하위 20% 계층 아이들이 죽을 때까지 계층 변화가 없을 가능성이 상위 20% 계층 아이들의 계층 변화 가능성보다 5배나 높습니다.[52]

역사 문화적 배경의 차이로 미국은 유럽보다 불평등에 대해 관대한 사회입니다. 그런데 기회의 평등이 더 이상 적용되지 않는 것입니다. 금융위기 이후 미국인의 2/3는 자녀들의 삶이 자신의 삶보다 악화될 것이라고 믿습니다. 좋은 일자리의 축소로 상위 소득자와 중산층 간의 소득격차가 확대되어 자녀 세대의 삶이 지금보다 향상될 거라는 미국인의 꿈은 환상이 된 것입니다.

미국 사회가 파편화되면서 '미국식 사회계약'이 근본부터 위협받고 있습니다. 중산층이 없는 미국은 더 이상 선진국이라 할 수 없습니다.[53] 미국의 소득분배 양극화와 정치적 프로세스의 양극화가 같이 진행[54]되는 것은 우연의 일치가 아닙니다. 최상위 계층은 돈으로 정치 과정, 정치인, 변호사를 구입하고 정부의 규제 노력을 좌절시켜가고 있습니다. 정부가 모든 사람의 이익에 반하는 하나의 클럽이 되고 있습니다. 그런 점에서 '월가를 점령(Occupy Wall Street!)하라'는 분노는 미국의 경제뿐만 아니라 민주주의 안정성을 위협하는 것에 대한 분노의 폭발인 것입니다. 그러나 미국의 정치권은 공정성의 복구보다는 악마와 희생양 만들기로 상대방에게 책임을 전가하고 있습니다.[55]

부의 대물림 현상은 미국이나 일본보다 한국에서 유독 두드러집니다. 3천만 달러 이상 전 세계 초고액 자산가를 살펴보면 순수한 자수성가형은 세계 평균

---

52) Economist, Jul. 7th, 2011, http://www.economist.com/node/18928384.

53) Businessweek, 2010, "ncome inequality and its impact on the American middle – and the elections: What happened to the middle class? What happened to the American Dream?"(Oct. 28).

54) J. Duca and J. Saving, 2014, "ncome Inequality and Political Polarization: Time Series Evidence Over Nine Decades," Federal Reserve Bank of Dallas Research Department Working Paper 1408.

55) 최배근, 2015, 『탈공업화와 시장시스템들의 붕괴 그리고 대변환』, 집문당, pp. 278~279.

63.8%인 반면, 한국은 약 절반 수준인 33.3%에 불과하였습니다.[56] 상속이나 증여로 10억 달러 이상 부자가 된 미국과 일본의 비율은 각각 29%와 19%인 반면, 한국은 74% 정도이니 한국은 이른바 '금수저'의 천국인 것입니다.[57] 즉 한국에서는 금수저를 물고 태어나지 않으면 슈퍼리치가 되기 어렵다는 것입니다.

반면, 빈곤층이 빈곤에서 벗어나는 것은 점점 어려워지고 있습니다. 보건사회연구원이 2015년 발표한 '2014년 한국 복지 패널 기초 분석 보고서'에 따르면 2006~07년 저소득층 3명 중 1명이 빈곤에서 탈출했지만, 2013~14년에는 저소득층 5명 중 1명만이 빈곤에서 벗어날 수 있었습니다.

미국 상위 0.01%의 소득 점유 비중의 추이

출처: Emmanuel Saez, 2016, "Striking it Richer: The Evolution of Top Incomes in the United States."

56) Wealth-X, 2016, The World Ultra Wealth Report 2015-2016 (Sep. 27).

57) Caroline Freund and Sarah Oliver, 2016, "The Origins of the Superrich: The Billionaire Characteristics Database," PIIE WP 16-1 (Feb.).

소득 불평등이 심각해지는 가장 큰 이유는 신자유주의 체제가 돈을 한 곳에 모으기 때문입니다. 앞에서 신자유주의의 특징을 이야기했는데 기억하나요? 대내적으로 노동의 유연화와 국영기업의 민영화, 법인세 및 소득세 인하, 복지 축소, 긴축 재정, 규제 완화 등이었는데 이 모든 특징의 공통점은 친기업 정책이라는 것입니다.

그 결과 노동 소득의 비중은 감소되었고 기업 소득은 증가하였습니다. 게다가 증가한 기업 소득은 투자로 이어지기보다는 주주에 대한 배당으로 배분되거나 재무적 투자(기업판 재테크) 등으로 활용되었기 때문에 노동 소득과의 격차를 더욱 확대시켰습니다. 신자유주의 체제의 대외적 측면인 무역자유화 및 자본시장의 개방 또한 양극화를 심화시키는 역할을 수행했습니다. 보호주의와 반세계화 물결이 확산되는 배경입니다. 즉 자유무역은 수혜자와 피해자로 나뉘는데, 신자유주의를 추구하는 정부는 자유무역으로 경제 규모가 증대하는 것(경제 성장)에만 초점을 맞추었고 대외적 충격에 따른 사회안전망 강화는 소홀히 했습니다. 삶이 힘들어진 사람들은 자유무역 때문이라 생각했고 보호주의를 주장하기 시작한 것입니다.

금융위기 이후에도 미국의 중산층 및 저소득층은 깊은 내상을 입었습니다. 금융위기 이후(2007~14년) 소득 하위 50%의 시간당 실질임금은 2.7% 후퇴[58]한 반면, 소득 상위 1%의 소득 점유율은 2011년 19.6%에서 2015년 22%로 증가하였습니다.[59] 게다가 2006~15년간 미국에서 압류 주택 규모는 약 781만 채나 될 정도였습니다. 이렇게 희생을 당한 중산층 및 저소득층 등의 '반란'(?)이 트럼프

---

58) E. Gould, 2014, Why America's Workers Need Faster Wage Growth-And What We Can Do About It, Economic Policy Institute BP. 382 (Aug.).

59) E. Saez, 2016, Striking it Richer: The Evolution of Top Incomes in the United States (Sept.).

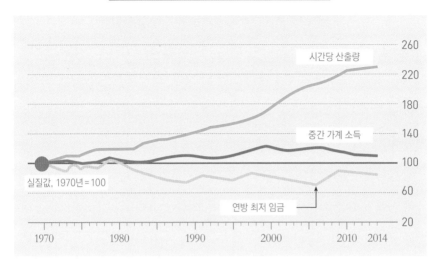

미국의 노동생산성과 노동소득의 추이(실질 단위)

시간당 산출량

중간 가계 소득

실질값, 1970년 = 100

연방 최저 임금

1970 1980 1990 2000 2010 2014

출처: Economist, Jul 25th 2015, Wages and 2016: Ways of seeing.

가 당선하게 된 배경입니다. 세계화가 만들어 낸 경제성장은 '함께하는 성장'이 아닌 소수가 독점하는 성장이었습니다. 이것이 2016년 미국 대선에서 보호주의가 핵심 쟁점으로 부상한 이유입니다.[60]

두 번째로 1970년대 중대한 도전을 맞이하였던 미국의 헤게모니는 자본시장 개방과 금융화로 새로운 분기점을 맞습니다. 이로 인해 미국이 가장 이익을 누릴 수 있기 때문입니다. 여기서 '금융화'란 "전체 경제 활동에서 금융산업의 지배력과 기업 경영에 대한 금융 통제가 증가하는, 즉 경제 중력의 중심이 생산에서 금융으로 이동"하는 현상을 의미합니다. 금융화는 제조업 종사자가 감소하는 탈공업화 이후 일자리 및 소득에서 제조업의 공백을 채울 준비가 안 된 상

60) Cullen S. Hendrix, 2016, "Protectionism in the 2016 Election: Causes and Consequences, Truths and Fictions," PIIE (Nov.).

태, 즉 산업화 이후의 새로운 경제 질서로 이행하는 것이 실패하거나 지연되는 등 경제 역동성의 쇠퇴에서 비롯한 것입니다. 일종의 '탈공업화 함정'에 빠진 결과입니다. '탈공업화 함정'이란 (제조업 종사자가 줄어드는) 탈공업화 이후 일자리와 소득에서 제조업의 공백을 채울 준비가 안 된 상태, 즉 새로운 경제질서로의 이행 실패 및 지연에서 발생하는 사회경제적 '탈구(dislocations)' 현상 및 그에 따른 경제 역동성의 쇠퇴부터 심지어 반동 현상의 창궐 등을 의미합니다.

금융화는 1980년대 이후 조세, 무역, 정부 지출의 우선순위, 통화정책, 그리고 규제 등에서 임금 소득자의 희생을 바탕으로 자산 소유자와 기업에게 유리하게 변화되었습니다. 미국은 1971년 이후 무역수지 적자국으로 전환하였지만 대외 자본거래는 1989년 이전까지는 여전히 흑자국이었습니다. 미국은 1989년 이후 미국인이 해외에 보유하는 자산보다 외국인이 미국에 보유하는 자산 규모가 초

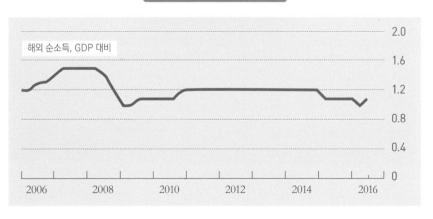

미국의 해외 순소득(GDP 대비)

출처: Economist, 2016, "America's foreign debts: Net debt, big returns" (Nov 3rd).

과된 순채무국으로 전환됩니다.

최근에는 이 순채무 규모가 GDP 대비 44%로, 자료 집계를 시작한 1976년 이래 최고 수준임에도 미국의 순 본원소득(미국민이 외국에서 획득한 소득에서 외국인이 미국에서 획득한 소득의 차이)은 GDP 대비 약 1%의 규모에 달하는 안정적 수익이 지속되고 있습니다. 그 이유는 달러 발행국의 특혜로 자금 조달 비용이 낮을 뿐 아니라 미국 자산에 투자한 외국인의 수익률보다 외국 자산에 투자한 미국인의 수익률이 높기 때문입니다. 1990~2010년간 미국인이 외국 투자에서 얻은 평균 수익률은 약 6.2% 이상으로 추정됩니다.[61] 미국인이 해외에서 높은 수익률을 달성하기 위해 필요한 주요 조건 중 하나는 시장에서 환율이 자유롭게 결정되어야 하는 것입니다. 미국이 외환시장의 완전한 개방을 거부하는 신흥시장국이나 외환시장에 개입하는 국가를 비난하는 이유입니다.

통화의 대외적 가치인 환율의 안정성(통화주권)은 국가 경제 운영에 매우 중요한 문제입니다. 무엇보다 자본의 급격한 유출·입은 많은 국가에서 은행위기와 외환위기, 국가부도 위기 등 금융 재난으로 이어졌습니다. 1980년대 중남미에서 시작하여 1997~98년에 동아시아 위기에서 계속되었고, 글로벌 금융위기 이후 '유로존 위기'에서 반복되듯이 자본의 급격한 유출·입이 야기한 금융 재난은 수없이 많습니다.

경제학계에서도 상품과 사람의 자유로운 이동에 대해 찬반 주장이 존재하지만, 대부분의 경제학자는 자본 이동의 자유화가 때때로 유익한 측면보다 유해한 측면이 더 클 수 있다는 점에 동의합니다. 심지어 한때 자본 이동 자유화의

---

61) Economist, 2016, "America's foreign debts: Net debt, big returns" (Nov 3rd).

전도사였던 IMF조차 자본 이동의 자유화가 경제 효율성을 증대시킨다는 보장이 없을 뿐 아니라 상황에 따라 자본 통제도 필요[62]하다는 입장으로 바뀌었습니다. 예를 들어, 투자가 제약된 경제에서는 실질 이자율은 낮을 수밖에 없으며 해외로부터 들어온 자금은 투자보다는 투기와 소비로 흘러들어가고, 이것은 생산성 증가를 둔화시켜 경쟁력과 경상수지를 악화시키기 때문입니다.[63]

일찍이 미국의 저명한 국제경제학자 바그와티(Bhagwati) 교수는 '자본 이동 자유화'는 이득이 입증되지 않은 '월가-미국 재무성 복합체'의 주장에 불과하다고 지적한 바가 있습니다.[64] 최근 IMF의 세 연구자는 1980~2014년간 53개 신흥시장국에서 자본의 급격한 유출·입이 152번 있었고, 이 중 1/5은 은행위기 혹은 외환위기로 이어졌음을 밝혔습니다.[65]

우리나라처럼 외환위기를 경험한 국가는 재발을 방지하기 위해 경상수지 흑자와 외환 보유고 축적을 추구하고 이를 위해 경쟁력 있는 환율과 환율 안정성을 추구합니다. 신흥시장국을 포함한 미국 외 국가의 경상수지 흑자 유지 및 환율 관리는 미국의 통화 주권 및 미국 투자자의 이익과 충돌합니다. 따라서 양자 간 이해를 해결하기 위해서 IMF는 국제 협력의 강화, 예를 들어 선진국 중앙은행과 신흥국 중앙은행 간 통화스왑의 필요성을 주장합니다.[66]

그러나 이러한 주장도 미국의 거부로 진전되지 못하는 상황입니다. 즉 구조적으로 초국가 협력의 필요성이 커졌지만, 현실적으로 그것을 이끌 리더십은 매우 부족한 실정입니다. 즉 인류는 개별 국가를 넘어 초국가 단위에서 발생하는 '집

62) 2010년부터 자본이동에 대한 통제의 필요성이 제기되기 시작했고 2012년 12월 이사회에서 자본통제 반대 견해를 철회했습니다. IMF, 2012, "IMF Adopts Institutional View on Capital Flows" (Dec. 3).

63) D. Rodrik and A. Subramanian, 2009, "Why Did Financial Globalization Disappoint?" IMF Staff Papers, Vol. 56 No. 1.

64) J. Bhagawati, 1998, "The Capital Myth: the difference between trade in widgets and dollars," Foreign Affairs (May/June).

65) A. Ghosh, J. Ostry, and M. Qureshi, 2016, "When Do Capital Inflow Surges End in Tears?" American Economic Review vol. 106, no. 5, pp. 581~585(May).

66) R. Mohan and M. Kapur, 2014, "Monetary Policy Coordination and the Role of Central Banks," IMF WP/14/70 (April).

단행동의 딜레마'에 대한 해법을 만들어 내야만 합니다. '집단행동의 딜레마'란 집단이 공통의 이해관계가 걸려 있는 문제를 협력하지 못해 해결하지 못하는 상황을 말합니다. 개별 국가 내에서 발생하는 집단행동의 딜레마는 정부의 개입이나 규제, 그리고 협력을 유도하는 장치를 만들어 해결해 왔습니다.

예를 들어, 집단 전체를 위한 공공재 생산과 공급을 위해 스스로 시간-노력-비용 등을 투입하지 않으려고 하는 일부 구성원들의 '무임승차' 성향을 통제하기 위해 정부가 직접 개입하거나 규제하고, 다른 한편으로는 사회구성원들이 공동의 문제를 해결하는 데 적극적으로 참여할 수 있게 사회적 조건을 마련해 주는, 즉 공동의 목표나 이익을 추구하기 위해 믿고 적극적으로 협력하도록 네트워크를 구축할 수 있습니다.

그런데 그리스 같은 남유럽 국가의 재정위기에서 보았듯이 특정 국가가 무임승차 성향을 보일 때 이를 통제할 수단은 제한적입니다. 즉 유로존 위기가 발발하기 이전까지 남유럽 국가들은 '유로'라는 공동 통화를 사용함으로써 많은 혜택을 보았지만, 정부 부채와 적자의 증가를 일정한 범위 내에서 억제하기로 한 국제적 '약속'(마스트리히트 조약)을 지키지 않았고, 재정 문제를 겪는 국가에 대한 구제가 허용되지 않는 규정도 엄격하게 적용되지 않았습니다. 이처럼 초국가 협력이 선택이 아닌 필수가 된 상황에서는 개별 국가의 자기 책임 수행과 국제사회의 연대를 결합시킬 수 있는 새로운 민주주의가 요구됩니다.

한편, 금융회사 자산 규모의 급증으로 상징되는 금융 부문의 급성장은 사회의 '채무화'를 의미합니다. 은행 자산의 대부분이 고객의 예금 등으로 만들어졌듯이 다른 경제 부문과 달리 금융 부문 자산(자기자본과 부채의 합)의 대부분은 부채로 구성되고, 동시에 은행의 자산은 가계나 기업 등에게 대출되기 때문입니다. 금융화와 더불어 소득 불평등과 가계와 기업의 부채 급증이 동시에 진행된 이유입니다.

미래 소득을 당겨쓰는 부채의 증가가 지속 가능하기 위해서는 소득의 증가, 즉 좋은 일자리의 창출 및 고용의 안정성이 보장되어야만 합니다. 그런데 미국의 고용 증가율은 1970년대 연평균 2.6%, 1980년대 1.6%, 1990년대 1.3%, 2000년대 0.9%로 1970년대 이후 지속적으로 하락하였습니다.[67] 금융화가 금융위기로 이어질 수밖에 없었던 이유입니다. 금융위기 이후에도 소득 불평등은 지속되었으며 심지어 심화되고 있습니다.

이것은 금융위기가 해결되지 않았음을 보여줄 뿐 아니라 또 다른 금융위기를 예고하는 것입니다. 특히 4차 산업혁명으로 많은 사람들은 일자리 문제가 '대재앙' 수준이 될 것이라고 주장합니다. 실리콘밸리의 혁신 기업가들은 소득·재산 등에 상관없이 모든 사람에게 일률적으로 지원하는 보편적 복지인 '기본소득'의 도입 필요성을 주장하고 있습니다. 4차 산업혁명으로 생산성이 크게 증가할 수 있지만 수요가 뒷받침되지 않으면 지속 불가능하기 때문입니다. 로봇과 인공지능 등의 발달로 인간의 수많은 일자리가 줄어들 수밖에 없는 상황에서 새로운 일거리를 만들어 내고, 어떻게 함께 살아갈 것인지를 고민해야 하는 상황이 온 것입니다.

세 번째는 환경오염입니다. 인간은 자연으로부터 자원을 채취해 먹고 살아 갑

---

67) MGI, 2011, "An Economy that works: Job creation and America's future" (June).

니다. 이것은 곧 경제와 환경의 관계를 말합니다. 그런데 현재 지구에서 발생하는 환경오염은 더 이상 견딜 수 없는 지경에 이르렀습니다. 인간이 자원을 너무나 많이 착취하였기 때문입니다. 이것은 1970년대 '신자유주의'에 기초한 세계화와 관련되어 있습니다. 국가가 나서서 경제를 포함한 사회 전반을 간섭하고 규율하는 각종 제도의 철폐를 주장하는 신자유주의는 인간의 생존을 시장경쟁에 맡기듯이 생명이 더불어 살아가는 환경도 시장에 맡겨야 한다고 주장합니다.

환경 보전을 위한 규제가 중심이었던 통상적인 환경 정책이 언제부터인가 변화되었습니다. 환경 기준, 환경 평가 절차, 환경 세제, 환경오염에 대한 책임 규제로 완화되는 느낌입니다. 이 규제 완화는 직접적이라기보다 투자나 생산을 지원하기 위한 정책에 포함된 유인책이나 예외 규정 등을 통해 주로 이루어지고 있습니다. 또한 대부분의 경우, 시장원리에 따라 오염자나 수혜자에게 비용과 부담을 부과하는 세제(예: 탄소세) 형식을 취하기도 합니다.

경제를 위해 환경 이용이 극대화되어야 하지만 훼손이 불가피할 경우 시장원리에 따라 비용만 부담하면 된다는 것이 신자유주의식 환경 규제의 논리입니다. 환경을 가격으로 환산해 시장에서 돈과 상품으로 거래한 것입니다. 규제 완화에 의해 빗장이 풀린 환경 속으로 침투한 돈과 상품의 촉수가 곧 신자유주의 아래서 환경이 전면적으로 파괴되는 실마리가 됩니다. 상품화되고 자본화된 환경은 이윤 극대화를 위해 지속적이면서 파괴적인 개발의 대상으로 전락하지 않을 수 없습니다.[68]

마찬가지로 이명박 정부의 대규모 토건적 개발 사업에서 보듯이, 한국에서도

---

67) 조명래, 2009, "[기로에 선 신자유주의] 그 끝은 삶의 터전 파괴," 경향신문 4월 19일자.

성장이란 이름으로 국토 환경에 대한 규제를 풀고 자연 환경을 경제적 가치를 창출하는 대상으로 바꾸는 정책이 나타났습니다. 예를 들어 자연의 물길을 운하나 관광지로 개조하고, 이를 통해 국토 전역에 다양한 투기적 경제활동을 조장한 것입니다. 이처럼 한국에서 환경에 시장 논리를 침투시킨 신자유주의와 개발주의의 결합은 결국 친기업 시장 환경을 조성하기 위한 것입니다. 문제는 '국토 환경의 상품화'에 불과한 '녹색 성장'이 생명의 터전인 국토 환경 전반에 파괴적 개발 압력을 강하게 한다는 점입니다.

심각한 문제는 이처럼 환경을 상품화하고 시장 논리를 적용하는 현상이 세계화와 함께 지구 전역으로 확산되고 있다는 것입니다. 오늘날 환경문제가 전 지구적으로 나타나는 이유입니다. 신자유주의식 세계화를 이끄는 것은 일부 초국적 기업들입니다. 초국적 기업들이 세계 전역에 있는 자원과 에너지를 채취하고 이를 이용한 상품을 대량으로 생산해 유통·소비시키고 있습니다. 이들은 이윤 추구를 위해 지구 곳곳의 환경을 돈이 되는 상품으로 바꾸고, 그 결과 지역 생태계는 광범위한 파괴와 교란을 겪게 됩니다.

초국적 기업들에 의해 자원 생산을 늘리도록 강요받은 개발도상국은 환경이 파괴되었습니다. 하지만 증가된 자원으로 대량 생산과 소비가 가능해진 선진국의 환경도 심각한 교란을 겪을 수밖에 없습니다. 게다가 지구 환경문제를 해결하기 위한 세계 환경 협정 등을 통해 환경 편익은 선진국으로 집중되었지만, 그 비용(오염 및 그 피해)은 힘없는 개발도상국으로 넘겨졌습니다.

예를 들어, 선진국에서 대량 소비의 결과로 발생한 노폐물(유독물질)은 환경시장을 통해 제3세계로 흘러들어갑니다. 그 피해가 가난한 지역 사람들에게 집중되는 것입니다. 신자유주의 세계화가 가져온 지구적 환경 불평등이 환경 자원의 불공평한 배분과 활용을 촉진해 환경문제를 더욱 악화시키고 있는 것입니다.

선진국에서 후진국으로 수출되는 전자 쓰레기

"… 지난해 7월, 일본의 유독성 전자 쓰레기 수백 톤이 고철, 구리 등으로 둔갑해 태국으로 밀수출된 사실이 확인돼 논란이 된 바 있다. 당시 태국 당국이 적발한 전자 쓰레기는 주로 폐기된 전자제품 및 전자부품으로, 그 양이 무려 196톤에 이르렀다. 일본의 밀수출업자는 전국에 남아도는 전자 쓰레기를 팔아치우고, 태국의 밀수업자는 싼값에 전자 쓰레기를 들여와 불법으로 개조하거나 부품을 이용하려 한 것으로 알려졌다.

아프리카 역시 전자 쓰레기에서 자유롭지 못하다. 일반적으로 유해 폐기물은 국제협약인 '바젤협약'에 따라 국가 간 이동 및 처리가 금지돼 있는데, 매년 전 세계 전자 쓰레기의 90%는 선진국에서 아프리카와 같은 저개발국으로 '구호품'이라는 명목하에 버려지고 있는 실정이다. 실제 가나에서는 전자제품 쓰레기가 산더미처럼 쌓여 있는 현장을 쉽게 볼 수 있는데, 쓰레기의 대부분은 중고품으로 값싸게 넘겨진 노트북과 스마트폰 등 IT 기기로 확인됐다. 전자 쓰레기에는 철이나 구리, 알루미늄과 파라듐뿐만 아니라 귀금속인 금 등이 다량 포함돼 있다.

2014년 전 세계에서 버려진 전자 쓰레기에 섞인 위의 금속 자원은 무려 520억 달러(약 60조 6100억 원)에 달하는 것으로 추산된다. 문제는 이 전자 쓰레기로부터 돈 되는 금속을 분해하기 위해 불에 태우는 과정에서 유독물질이 배출된다는 사실이다. 가나의 '전자 쓰레기 산' 토양에서는 중금속이 허용치의 45배 넘게 검출됐다. 돈도 안 되고 건강과 환경에도 좋지 않은 '백해무익' 독성물질도 수두룩하다. 오존층을 파괴하는 프레온가스(CFC)는 물론이고, 정신질환과 암, 불임과 발달장애를 유발하고 간과 신장 등 장기에 손상을 일으키는 수은과 카드뮴, 크롬 등도 다량 함유돼 있다…"

서울신문, 2017, "[송혜민 기자의 월드 why] 전자 쓰레기 38% 아시아에서 버려져"(1월 21일자)

네 번째는 전쟁입니다. 환경오염과 마찬가지로 기업은, 특히 무기를 만들고 있는 기업은 전쟁이 더 많이 일어나기를 바랍니다. 전쟁을 할수록 더 많은 이윤을 얻을 수 있기 때문입니다. 미국은 반미 정권을 공격함과 동시에 무기 제조를 하는 군수기업의 이윤을 만들어 주기 위해 반미 국가를 침략합니다. 대표적인 예로 9·11 테러 이후 2003년에 미국이 일으킨 이라크 전쟁을 들 수 있습니다. 당시 미국은 이라크의 민주주의 수립을 위해 침공한다고 주장했으며, 이라크 국민은 미군을 해방자로 볼 것이라고 생각했습니다.[69]

하지만 침공이 시작되자 미군은 이라크 국민을 대상으로 온갖 약탈을 했고, 결과적으로 이라크에 민주주의는 수립되지 못했습니다. 미국은 단지 전쟁이 필요했을 뿐입니다. 무기를 사용해야 군수기업이 돈을 벌 수 있기 때문입니다. 민주주의에서 '휴머니즘'이 사라진 신자유주의 체제는 군수기업의 이윤 추구를 합리화하는 데 적합했습니다. 군수기업의 이러한 행태는 평범하게 살아가는 일반 사람들을 항상 공포에 떨게 만들었습니다.

어쩌면 이라크 전쟁은 예고된 것이었습니다. 부시의 당선을 위해 힘을 결집했고, 또 부시를 재선시킴으로써 '네오콘(Neocon)'의 정치적 영향력은 크게 증가했습니다. 신보수주의를 의미하는 네오 콘서버티브(neo-conservatives)의 줄임말인 '네오콘'은 백악관과 의회에서 정치평론지, 대중매체를 통해 미국의 안보와 경제 활동에 위협을 준다는 이른바 '불량국가' 정권을 수단과 방법을 가리지 않고 전쟁을 통해서라도 붕괴시켜야 한다고 주장합니다. 이들은 '힘이 곧 정의다'라는 생각을 바탕으로 전 세계를 미국식 자유민주주의 나라로 만들어 인류 역사를 평화적으로 종결시킨다는 목표를 설정하고 있습니다.

미국은 이러한 생각과 반대되는 나라를 불량국가로 지목하고 이들을 제거하

---

69) 이근욱, 2010, 『미국의 이라크 전쟁 전략의 변화: 부시의 침공에서 오바마의 철군까지』, 교보문고, p. 166.

기 위해서는 선제공격도 가능하다고 주장합니다. 우리가 경계해야 할 것은 이들 네오콘의 후원자가 '군산복합체'라는 데 있습니다. 군산복합체는 군과 기업과 정부의 유착관계를 말합니다. 군은 기업에게 군사기술을 이전해 주고 군수산업을 육성하며, 기업은 군에게 병기를 팔아 정부에 정치 자금과 세금을 제공하고, 정부는 해외시장을 개척해 주고 이들을 보호해 주므로 공존·공생해 갑니다.

스톡홀름국제평화문제연구소(the Stockholm International Peace Research Institute, SIPRI)의 추정에 따르면 물가 조정 후 미국의 군사비 지출은 2001년에는 4000억 달러에 미치지 못했으나 이후 급증하기 시작해 2010년까지 7000억 달러를 크게 넘어섭니다.[70] 미국의 힘(군사력)에 의해 이뤄질 세계 평화를 이루는 '팍스 아메리카나'가 목표인 네오콘에게 국방비의 증액과 군대의 첨단화 추구는 당연한 수순이었습니다. 상대방의 침공 없이도 선제 공격을 하겠다는 것을 공식화하고, 유엔 안전보장이사회의 동의 없이 미국이 독자적으로 전쟁을 수행하겠다는 이른바 '부시 독트린'의 배경입니다.

네오콘의 '힘에 의한 평화'를 계승한 트럼프 역시 다른 나라가 미국의 군사력을 능가하도록 절대 허용하지 않겠다며, 국방 예산을 늘리기 위해 '시퀘스터(Sequester, 자동 예산 삭감 조치)'의 폐지를 추진하려 합니다. 재정과 관련하여 '일괄 삭감'을 뜻하는 '시퀘스터'란 미국 정부가 재정 적자 누적을 막기 위해 시행하는 조치로, 다음 회계연도에 허용된 최대 적자 규모를 초과할 경우 정부의 재정 지출을 자동적으로 삭감하는 제도입니다.

이처럼 신자유주의를 표방한 미국의 행동 또한 전혀 민주적이지 못합니다. 미

---

70) Dinah Walker, 2014 "Trends in U.S. Military Spending," Council on Foreign Relations, July 15, 2014.

국은 주도권을 잡은 뒤 자기가 만든 휴머니즘을 제거하고 '시장'과 '자본'이라는 개념을 집어넣은 새로운 부르주아 민주주의를 강요했습니다.[71] 그리고 그 헤게모니를 통해 다른 국가들을 신식민지 국가로 만들었습니다. 신식민지란 과거처럼 실제로 그 지역을 학살하고 지배하는 식민지가 아닌 정치·경제적 헤게모니로 지배하여 독립이 불가능하게 만드는 국가를 말합니다.

신식민지 국가는 겉으로 드러나지 않기 때문에 대강 봐서는 잘 알 수 없습니다. 그래서 신식민지를 만들어도 비난을 받지 않습니다. 신자유주의는 강제로 다른 국가의 시장을 개방하는 데 매우 효과적인 체제입니다. (부르주아) 민주주의와 효율성을 빌미로 미국은 외국 시장을 개방시켰고 그것이 신식민지를 만드는 첫걸음이 되었습니다. 강제로 열린 시장을 통해 미국의 글로벌 기업은 엄청난 돈을 벌었고, 신식민지 국가는 피해를 받을 수밖에 없었습니다.

신자유주의는 민주주의에서 휴머니즘과 인간 그리고 환경을 제외하고, 오로지 시장과 자본만을 추구하는 이데올로기입니다. 아마 여러분이 원하는 민주주의는 돈보다는 사람이 중요하고, 환경도 생각하며, 모두가 행복하게 잘살 수 있는 민주주의일 것입니다. 이러한 민주주의야말로 가장 이상적이며 우리가 지향해야 할 민주주의 형태일 것입니다.

---

71) 이승원, 2014, 『민주주의』, 책세상, p. 12.

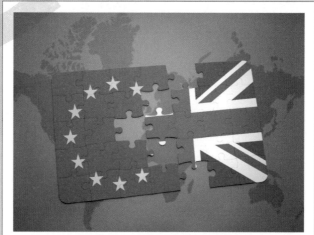

극우주의 일환으로 볼 수 있는 영국의 유럽연합 탈퇴

극우주의의 확대

글로벌 금융위기 이후 선진국을 비롯한 많은 국가들이 경제 회복을 하지 못하고 있습니다. 이와 동시에 미국과 일본, 유럽 등의 선진국에서 '극우주의'가 등장하기 시작했습니다. 극우주의란 극단적으로 보수주의적이거나 국수주의적인 사상으로 반민주주의, 민족주의, 인종주의, 강한 국가를 지향하고 이를 위한 수단으로서 '폭력' 사용 등이 특징입니다. 쉽게 말하면 다른 민족을 배격하고, 독재를 추구하는 이념입니다. 가장 대표적인 극우주의가 '파시즘(fascism)'입니다. 파시즘은 이탈리아어 파쇼(fascio)에서 유래한 말로, 원래 이 말의 의미는 '묶음'이었으나, '결속' 또는 '단결'의 뜻으로 바뀌었습니다.

파시즘은 20세기 이후, 특히 제1차 세계대전과 제2차 세계대전 사이에 유럽 국가들을 중심으로 등장한 일종의 정치이데올로기와 운동입니다. 이 시기 대표적인 파시즘이 1922년부터 1942년까지 이탈리아를 지배하였던 무솔리니 체제입니다. 또 파시즘 중 가장 반동적이며 야수적인 것이 독일의 나치즘(Nazism)입니다. 나치즘은 히틀러와 함께 1933~45년 독일을 독재적으로 지배했던 '국가사회주의독일노동자당'에서 유래합니다. 반유대주의, 백색인종주의, 제국주의, 반사회주의, 민족주의 등을 내세운 히틀러는 유대인을 학살하고 이웃 국가들을 침략하며 군국주의를 지향했습니다.

2016년 영국과 미국에서 브렉시트와 트럼프의 대통령 당선으로 극우주의는 현실로 다가오고 있습니다. 먼저, 영국은 유럽연합에서 탈퇴하기로 결정했습니다. 유럽연합 탈퇴를 찬성한 영국인들은 유럽 내 이민자가 토착 영국인의 일자리를 뺏으며 임금을 억제하고, 주택-공공의료서비스-학교-교통 시스템에 부담을 증가시키기 때문에 이민을 막아야 하며, 유럽연합에 내야 할 돈을 차라리 영국 인을 위한 복지비용으로 쓰라고 주장합니다. 또한 2016년 미국의 대통령 선거는 일반적인 예상과 달리 극우적 행태를 보인 트럼프의 승리로 끝났습니다. 트럼프는 반이민 정책과 보호무역 등을 주장하면서 투표자들에게 인기를 끌었고 공화당 내 경선에서 이긴 뒤 결국 45대 미국 대통령으로 당선되었습니다.

트럼프의 주장대로 보호주의로 인해 미국 중산층이 복원되고, 저소득층의 일자리가 만들어지는 것은 아닙니다. 저렴한 노동력을 찾아 중국이나 멕시코 등으로 나갔던 기업이 미국으로 돌아온다고 하더라도 높은 임금 때문에 일자리가 만들어질 가능성이 낮기 때문입니다.

미국으로 돌아오는 기업은 저임금 미숙련 노동력을 자동화로 대체할 가능성이 높은 반면, 새로 만들어지는 대부분의 일자리는 고임금 숙련 노동력일 가능성이 높기 때문입니다. 즉 세계화에 따른 희생자들의 문제 해결책으로 보호주의나 극우주의는 대안이 될 수 없고, 사회안전망 강화나 사회복지 확충 등이 필요할 것입니다.

유럽 대륙에서도 이민자를 반대하는 극우주의 정당이 하나둘씩 인기를 얻고 있습니다. 예를 들어 프랑스의 극우정당인 '국민전선'은 기존의 이민 정책을 반대하고 유럽연합을 거부하며 보육 혜택을 프랑스 국민에게만 제공하고, 또 사형을 부활시키고 수용소도 더 늘려야 한다고 주장합니다. 그리스의 황금새벽당,

덴마크의 인민당, 벨기에의 플랑드르이익당, 네덜란드의 자유당, 스웨덴 민주당 등도 극우 정당입니다.

히틀러를 경험한 후 민주주의를 위협하는 새로운 극우 독재자의 출현을 막기 위해 정부·의회·사법기관 등에 '반민주주의 세력'을 단죄할 권력을 부여한 독일에서조차 극우파가 기승을 부리고 있습니다. 극우파가 자행한 폭력 사건이 2014년 990건에서 2015년에는 1408건으로 50% 이상 증가했고, 같은 시기 방화와 기물 파괴 등 난민 캠프에 대한 공격 역시 5배 정도 증가하였습니다. 지난해 7월 아프간 난민 청소년이 열차 안에서 도끼를 휘두르는가 하면, 쇼핑몰에서 총기가 난사되었고, 시내 한복판에서는 자폭 테러 등 무차별 폭력이 연속적으로 발생되었습니다.

극우주의는 아시아에서도 나타났습니다. 예를 들어, 중국과 일본 간 패권 경쟁은 일본이 역사를 왜곡하고 전쟁을 할 수 있도록 평화헌법 개정을 시도함으로써 동아시아에서 공격적 민족주의를 일으키고, 동아시아를 신냉전주의 격랑 속으로 몰아가고 있습니다.

한국과 일본 등에서 극우주의가 나타나게 된 이유는 미국이나 유럽처럼 오랜 경제 불황과 관련이 있습니다. 일자리가 없고 취직이 힘들어지자 사람들은 이민자, 즉 다른 민족에게 그 원인을 묻기 시작했습니다. 외국인 근로자나 불법 이민자의 추방을 지지하고, 인종 차별적 태도로 발전하게 된 것입니다.

그런데 경제 불황의 근본적인 이유는 외국인 근로자 때문이 아닙니다. 낮은 임금이 불황의 원인인 수요 부족을 만들기 때문입니다. 물론 외국인 근로자의 유입이 저임금 등 근로조건을 악화시키는 요인으로 작용하기도 합니다. 그렇지만 외국인 근로자의 유입이 근로조건을 더 악화시키는 요인이 되어서는 안 됩니다. 법에서 정한 최저임금을 지급하지 않는 이유가 최저임금보다 낮은 임금으로 외국인 근로자를 고용할 수 있기 때문이라는 논리는 성립할 수 없습니다.

다수결의 폭력성

우리는 민주주의의 대표적인 상황을 생각할 때 '다수결의 원칙'을 말합니다. 다수결의 원칙이란 다양한 선택 중에 어떠한 것을 결정할 때 투표를 통해 가장 많은 사람이 뽑는 것을 선택하는 것을 말합니다. 우리나라가 민주주의 국가라고 하는 이유는 대통령 선거나 국회의원 선거 등에서 다수결의 원칙을 지키기 때문입니다. 하지만 과연 '다수결의 원칙'을 지키는 것만이 민주주의를 따르는 것인지 생각해 봐야 합니다.

우리가 살아가고 있는 사회에는 사람 수만큼 다양한 의견이 존재합니다. 다수결의 원칙은 그 다양한 의견 중 하나를 선택하게 만듭니다. 그리고 나머지 다른 의견은 선택받지 못했기 때문에 무시당합니다. 우리는 이를 '다수결의 원칙에 의한 폭력성'이라고 정의할 것입니다. 이런 예는 우리 주변에서 쉽게 찾아볼 수 있습니다.

어느 고등학교 한 반에서 학급 반장을 뽑는다고 가정해 봅시다. 세 명의 후보가 앞으로 나왔고 각자 자신이 반장이 되었을 때 어떻게 반을 이끌 것인지 발표했습니다. 1번 후보는 반 친구들에게 한 달에 한 번씩 피자를 사 주겠다고 말했습니다. 2번 후보는 선생님들이 반 친구들의 권리를 무시했을 때 싸우겠다고 말했습니다. 3번 후보는 왕따 없는 학급을 만들겠다고 말했습니다.

투표가 시작되었고 1번 후보가 15표, 2번 후보가 13표, 3번 후보가 12표를 받았습니다. 다수결의 원칙으로 1번 후보가 반장에 당선되었습니다. 1번 후보는 당선되고 나서 공약대로 매월 피자를 친구들에게 사 주었습니다. 그리고 자신의 역할을 다했다고 생각했습니다. 왜냐하면 자신은 그 공약만 내세웠기 때문입니다. 그런데 사실 투표 결과를 보면 세 후보의 표차가 그리 크지 않았습니다.

이는 반 친구들이 학생의 권리도 중요하게 생각했으며, 학급 내 왕따 문제도 해결되어야 한다는 생각을 반영한 것입니다. 하지만 당선된 1번은 자신을 뽑아 주지 않은 다른 친구들의 의견을 무시한 것이나 마찬가지의 행동을 보여준 것입니다. 이것이 바로 다수결의 폭력성입니다. 이 반이 진정으로 민주주의를 따른다면 당선된 1번은 떨어진 2, 3번 후보들의 공약 역시 반영해야 되기 때문입니다.

대통령 선거 역시 마찬가지입니다. 진정한 민주주의를 지키기 위해서는 선거 과정에서 서로 경쟁했어도 선거에서 이긴 지도자가 통합의 리더십을 보여주어야 할 것입니다. 대통령 당선자가 자신의 지지층만을 위한 정책을 편다면 그 사회는 분열과 갈등이 심화될 수밖에 없습니다.

최근에도 우리는 민주주의를 지키기 위해서 국민을 대표할 대통령과 국회의

원을 얼마나 잘 뽑아야 하는지, 또한 우리의 주장을 실현시킬 수 있도록 그들을 지속적으로 감시하는 것이 얼마나 중요한지 경험했습니다.

포퓰리즘의 유혹

포퓰리즘은 한마디로 정의내릴 수 없을 만큼 수많은 모습을 갖고 있습니다. 때로는 일반 국민을 위한 정책을 내세우는 것이 포퓰리즘적이라고 말할 때도 있으며 나치즘과 같이 전체주의적인 모습을 말하기도 합니다. 대중주의·인기 영합주의·대중 영합주의 등으로 표현되듯이 대체로 정책의 현실성이나 가치판단, 옳고 그름 등 본래 목적을 외면하고 일반 대중의 인기에만 영합하여 목적을 달성하려는 정치 행태를 말합니다.

대중의 공감에 기초한다는 점에서 포퓰리즘은 다수결의 폭력성과 비슷한 성격을 가지고 있습니다. 대표적인 사례가 앞에서 말한 나치즘, 파시즘, 그리고 최근 나타나는 극우주의입니다.

많은 사람이 이민자가 자신의 일자리를 빼앗는다고 생각하며 자국에 들어오는 것을 막아야 한다고 주장합니다. 사실 그렇지는 않습니다. 우리나라만 보더라도 이민자가 가진 일자리는 우리가 싫어하는 저임금의 힘든 노동직입니다. 외국인 노동자 없이 농촌의 일손 부족을 해결할 수 없는 게 현실입니다.

불법 이민자의 밀입국 방지를 위해 트럼프가 추진하는 최대 1951마일(3141km) 길이의 멕시코 국경 장벽 건설이나 무슬림 입국 제한(무슬림 국가 출신 주민들의 미국 입국을 중단시키는 행정명령) 등은 미국 대중의 불확실성과 불안(집단적 피해의식), 갈등(보복적 정서) 등을 이용하여 신념, 인종, 종교라는 오래된 경계(분리)에 따라 갈등하는 세계로 미국을 후퇴시킬 수밖에 없습니다.

사실 미국 언론은 트럼프의 행정명령(이라크, 시리아, 수단, 리비아, 소말리아, 예멘 등 7개국 출신 국민에 대한 미국 비자 발급과 입국을 90일 동안 금지하고, 시리아 난민들의 입국은 무기한 금지하는 내용 등을 담음)이 잘못된 이해에 기초하고 있다는 지적을 했습니다.

미국 CNN 등은 트럼프 정부가 이 행정명령을 발효하면서 "수많은 외국 태생이 [2001년] 9·11 테러 후 미국에서 테러 관련 범행을 저지르거나 연루됐다"고 한 주장에 대해 "1980년 난민법 제정 후 이들 7개국 출신 난민이 미국에서 사망자가 발생한 테러에 한 번도 연루되지 않았을 뿐 아니라 1980년 이전에 테러를 저지르다 사살된 난민이 있지만 이들은 모두 쿠바 출신이었다"고 반박했습니다.[72]

보도에 따르면 최근 미국 사회를 뒤흔든 대형 테러의 배후는 대부분 미국 시민권자였습니다. 지난해 올랜도 나이트클럽 총격 테러의 범인은 부모가 아프가니스탄계이지만 태생은 미국 뉴욕이었으며 2013년 보스턴 마라톤 폭탄 테러범도 행정명령 해당국 출신의 난민이 아니었습니다. 공격적 민족주의와 포퓰리즘이 강력한 힘을 발휘하는 근본적 이유는 많은 진보에도 불평등이 심화되면서 사람들이 제도에 대한 신뢰를 잃었기 때문입니다.

사실 미국의 포퓰리즘이 트럼프 정책에서 처음 나타난 것은 아닙니다. 금융위기를 촉발시킨 미국의 주거정책도 포퓰리즘이라고 할 수 있습니다. 앞에서 소개한 '고용 없는 성장'으로 클린턴이 정권을 잡을 수 있게 되었습니다. 당시 1991년 걸프전쟁의 승리(?)로 외교·안보 분야에서 인기가 높았음에도 공화당 부시정권이 권력을 재창출하지 못한 이유가 '고용 없는 성장'을 수반한 경기 침체였기 때문입니다. 즉 민주당의 빌 클린턴 후보가 1992년 미국 대선에서 "바보야, 문제는 경제야!(It's the economy, stupid)"라면서 경제 살리기 이슈를 던져 선거 판세를 유리하게 뒤집을 수 있었던 것입니다.

앞에서 지적했듯이 클린턴이 집권 후 경기회복을 위해 선택한 핵심 해법은 무주택자 및 저소득 자에 대한 주택 신용 지원이었고, 월가와 시민 그리고 정치

---

72) Peter Bergen and David Sterman, 2017, "Trump's travel ban wouldn't have stopped these deadly terrorists," CNN (January 30).

권은 모두 환영하였습입니다. 월가는 새로운 비즈니스 수익원에 환호하였고, 시민은 주택 가격 상승과 소유 가능성으로 지지하였습니다. 더불어 주택 경기의 활성화 및 주택 자산 가치의 증가에 따른 경기 부양과 고용 증대 기대로 정치권 역시 여야 모두 찬성하였던 것입니다. 이 또한 금융자본의 이해에 기반한 포퓰리즘이었습니다.

'빚(부채)'이라는 것은 미래 소득을 당겨쓰는 것이고, 미래 소득은 안정적인 일자리가 창출될 때 확보가 가능한 것입니다. 그런데 앞에서 지적했듯이 일자리 증가율이 1970년대 이후 지속적인 하락을 해왔듯이 미국 고용시스템의 순기능은 1970년대 이후부터 지속적으로 약화되었습니다. 즉 미국의 고용시스템의 순기능이 1970년대 이후부터 지속적으로 약화되었다는 점에서 '빚내서 집 사기' 정책은 지속 불가능한 것이었고, 마침내 금융위기라는 '대재앙'을 초래했다는 점에서 포퓰리즘인 것입니다.

이처럼 포퓰리즘이 제도에 대한 신뢰 약화에서 비롯되었다는 사실은 제도의 순기능이 약화되었음을 의미합니다. '탈공업화'가 심화되면서 산업화 시대에 만들어진 주요 시스템들-고용시스템, 금융시스템, 사회보장 시스템, 주거 시스템, 대학교육 시스템, 혁신 시스템 등-의 순기능이 약화된 결과 일자리 증가율이 하락하고, 소득 양극화가 심화되며, 사회보장이 후퇴하고, 청년실업 문제가 악화되었습니다. 그리하여 과거의 '함께하는 성장'에서 '소수가 독점하는 성장'으로 바뀐 것입니다.

사실, 포퓰리즘의 확산은 민주주의 기반 약화와도 깊은 관련이 있습니다. 기술진보와 더불어 세계화가 '일자리 양극화(중간소득 일자리가 줄어들고, 특히 중간소득 종사자가 상위소득 일자리보다 하위소득 일자리로 이동하는)' 및 그에 따른 '소득 양극화'를 가져왔기 때문입니다. 문제는 소득 양극화가 정치 양극화로 이어지고 있다는 점입니다. 즉 중산층 붕괴와 기회 평등의 약화 등으로 정치는 경제적 이해 차이에 의해 분열되고, 정치의 양극화는 세대 간 분열로 더욱 심화되고 있습니다.

제도에 대한 신뢰가 약화되고 사회 구성원 간 분열이 심화될수록, 이해를 조정하고 갈등을 해결하여 새로운 출구를 만들어야 할 정치의 역할은 더욱 중요할 수밖에 없습니다.

그런데 경제적 이해 및 세대 간 차이 등으로 정치도 분열되면서 정치에 대한 국민의 신뢰는 약화되었고, 결국 정치 실종으로 이어지며 대중의 불만에 기반한 '정치 아웃사이더'의 반란이 확산되고 있습니다.

06장

세계화,
그 승자와 패자

세계화는 우리에게 이익을 줍니다. 하지만 지금까지 다뤘던 내용을 보면 그 이익이 어느 한쪽으로 모인다는 사실을 알 수 있습니다. 세계화를 단순히 시장 개방 입장에서 생각하면 한 국가 내에서 승자는 경쟁력 있는 부문의 종사자가 될 가능성이 높은 반면, 패자는 경쟁력 없는 부문의 종사자가 될 가능성이 높습니다.

예를 들어 한국이나 일본이 외국과 FTA를 추진할 때 농민들의 반대가 사회적 이슈로 부상하는 것도 시장 개방으로 농업 종사자의 피해가 증가할 것이 예상되기 때문입니다. 마찬가지로 한미 FTA를 추진할 때 미국에서 제조업, 특히 자동차 산업의 노동자들이 반대한 이유도 미국 자동차 산업의 미국 시장 점유율이 하락함으로써 자신들의 일자리가 감소할 것으로 예상되었기 때문입니다.

다른 한편, 세계화가 국가 간에는 어떤 영향을 미쳤을까요?

먼저, 세계화에 따른 승자는 선진국, 패자는 후진국이라는 시각이 있습니다. 즉 세계화를 주도한 선진국은 개발도상국 및 약소국에서 간접적으로 정치, 경제, 문화 등을 지배하려 했고, 그 결과 선진국 글로벌 기업은 더 많은 이윤을 남길 수 있었던 반면 개발도상국의 노동자들은 착취를 당했다는 주장입니다.

그러나 세계화로 성장의 기회를 가졌던 후진국의 경우 빈곤층이 크게 감소했을 뿐 아니라 중산층도 크게 증가했다고 주장하는 입장도 있습니다. 대표적인 경우가 중국입니다. 중국사회과학원과 국무원 빈곤구제 사무실이 2016년 12월 27일 발표한 '중국 빈곤 구제 개발 보고서 2016'에 따르면 세계은행의 2011년 구매력 평가 하루 1.9달러 이하의 빈곤 기준으로 1981년부터 2012년까지 글로벌 빈곤 인구가 11억 명 감소했습니다. 같은 시기 중국 빈곤 인구는 7억 9천만 명 감소하였는데 이는 세계적으로 감소한 빈곤 인구의 약 72%에 해당합니다.

이처럼 세계화의 승자와 패자는 자본가 대 노동자 혹은 선진국 대 후진국 등의 이분법으로 이해하기는 어려운 측면이 있습니다. 그럼 이제 세계화가 우리에게 미치는 영향을 살펴보고 세계화의 올바른 방향에 대해 생각해 봅시다.

가난한 사람들의 이야기

전 세계 곳곳에는 가난한 사람들이 존재합니다. 아프리카를 중심으로 중앙아메리카, 중동 등 약소국에 많습니다. 그래서 부유한 국가들은 1950년대부터 약소국에게 재정적인 지원을 해주고 있습니다. 일명 '세계은행'으로 불리는 국제부흥개발은행(IBRD)과 IMF 등이 그 역할을 수행합니다.

이 기관들은 '선진국이 보기에' 훌륭한 정책과 제도를 펼치는 국가에 한해서 지원금을 제공하는데, 여기서 훌륭한 정책과 제도란 선진국이 가진 제도나 운용해 온 정책에 기초한다는 사실입니다.

문제는 후진국이 선진국의 제도를 수입한다고 선진국이 될 수 있는 것이 아니라는 것입니다. 즉 앞에서 지적했듯이 '제도'와 '제도화'를 구별할 필요가 있고, 후진국이 선진국으로부터 이식한 제도가 작동하지 않는 주요한 이유는 선진국의 제도와 후진국 문화 간의 부조응에서 비롯할 가능성이 높습니다.

하나의 제도가 성공적으로 뿌리를 내리기 위해서는 사회 구성원끼리 공유하는 규범이나 관습 등 문화적 가치가 새로운 규칙과 충돌하지 않아야만 합니다. 그런데 선진국과 후진국의 문화적 가치는 서로 다를 가능성이 높습니다. 따라서 선진국의 문화적 가치와 조응하는 선진국의 제도가 후진국에 도입될 경우 후진국의 문화적 가치와 충돌할 가능성이 높고 그 결과 제도화에 어려움을 겪을 수 있습니다.

물론 부패 최소화나 법에 의한 지배 등은 후진국의 문화적 가치와도 결합되는 선진국의 제도나 정책입니다. 그러나 무역 및 투자 자유화 등 시장 개방과 더불어 탈규제화는 후진국에게 익숙하지 않거나 잘 맞지 않는 선진국의 제도가 유입되는 것이고, 후진국은 매우 혼란스러워질 수 있습니다. 대표적인 예로 우리나라의 자본시장 개방과 그에 따른 외환위기를 예로 들 수 있습니다.

미국발 금융위기를 2005년에 예측한 바 있는 라구람 G. 라잔(전 IMF 수석 경제학자이자 전 미국 시카고대학교 교수이며 전 인도 중앙은행 총재)은 2011년 저서 『폴트라인(Fault Lines)』에서 각 국가의 금융 체제를 단층판(fault line)에 비유하고, "아시아의 외환위기를 아시아의 불투명한 은행 중심의 금융 체제와 투명한 자본시장 중심의 영미 금융 체제의 충돌" 즉 서로 다른 단층판이 부딪혀 만들어 낸 지진에 비유하였습니다. 즉 자본시장의 개방으로 영미식 금융제도가 아시아에 유입되었지만 자본시장이라는 새로운 제도는 뿌리를 내리지 못하고 외환위기라는 지진을 만들어 냈다는 것입니다.

국제기구들이 후진국에 자금을 지원해 주면서 요구한 정책에는 세계화와 관련된 제도와 정책도 포함되어 있었습니다. 물론 국제기구들이 세계화 제도를 요구한 이유는 그것이 후진국의 빈곤 감소에 기여할 것이라고 믿었기 때문입니다. 실제로 세계화 정책을 실행하는 많은 국가는 경제성장을 이뤄냈고 '절대적 빈곤'을 해결했습니다. 문호 개방으로 다양한 상품을 접하였고, 선진 기술을 받아들이면서 더 많이 발전할 수 있었습니다.

하지만 신자유주의식 세계화는 소득 불평등을 심화시켜 지속적인 성장을 이루지 못했고 간혹 세계화를 추진한 후진국의 빈곤을 더욱 악화시키기도 했습니다. 예를 들어 인도에서는 1991년에 외환위기가 터지면서 세계은행과 국제통화기금의 구조조정 정책을 받아들였습니다. 인도는 대내적으로 인도 총리가 암살당하는 등 정치적으로 불안정했고 대외적으로 걸프전 때문에 유가가 상승함으로써 물가상승률이 급격하게 올라가 외환위기가 발생하였습니다. 외국인 투자자들은 외화를 빼내기 시작했고 국제수지도 악화되었습니다. 대외 채무도 급격히 늘어나면서 인도 정부는 결국 IMF에 구제금융을 신청하였습니다.[73]

인도의 환경운동가이자 여성인권 운동가인 반다나 시바는 외환위기 이후 세계화가 가난한 사람에게 어떻게 피해를 주는지 구체적으로 얘기해 주었습니다.

> "동시에 무역 규제도 풀리게 되면서 농업의 무역자유화가 도입되었습니다. … 1970년대와 1980년대에 꾸준히 감소하던 면화 재배 면적은 개혁 초기 6년 만에 170만 헥타르까지 증가하였습니다. 면화가 식량 작물을 대체하

---

73) 이웅·송영철·조충제·최윤정, 「인도의 경제개혁 이후 노동시장의 변화와 시사점」, KIEP, 2014.

기 시작했고 … 기업의 잡종 종자가 지방 농민들의 다양한 품종을 대체하기 시작했습니다. 새로운 잡종 종자들은 해충에 취약하기 때문에 더 많은 살충제가 필요했으며 극빈층의 농민들은 종자와 농약 모두를 같은 회사에서 외상으로 구입했습니다. 해충의 창궐이나 대규모 불량 종자로 인해 농사에 실패하게 되면, 많은 농민들이 빚을 내어 구입한 바로 그 살충제를 먹고 자살했습니다. 와랭갈 지역에서는 1997년의 농사 실패로 거의 400명의 면화 재배 농민들이 자살했고, 1998년에는 이보다 훨씬 더 많은 사람들이 자살했습니다. … 다른 수단을 이용해서 시장을 장악한 사례도 있습니다. 1998년 8월, 델리에서는 신기하게도 불순물이 섞인 질 나쁜 겨자 기름이 공급되었습니다. 이것은 델리에 한정되었지만, 어떤 특정 상표에 한정되지는 않았습니다. 이것은 특정 무역업자나 사업체의 소행이 아니라는 것을 의미합니다. 이로 인해 50명 이상의 사람이 죽었고, 정부는 모든 지방의 기름 가공을 금지시키고 콩기름 수입 자유화 조치를 발표했습니다. 이로 인해 소규모로, 냉압식 맷돌로 기름을 짜던 수백만 명의 사람들이 생계를 잃었습니다. 기름을 짜는 토종 작물의 종자 가격은 이전의 1/3 수준으로 하락했습니다. 카르나타카 주의 시라에서는 기름을 짤 수 있는 종자 가격 하락에 항의하는 농민들에게 경찰이 발포하기도 했습니다."[74]

세계기구는 개발도상국에게 식량시장 개방을 강요했고, 거기에 순응한 인도 정부는 자국 국민의 생계를 빼앗았습니다. 빈곤을 해결하기 위해 지원금을 주겠

---

74) 반다나 시바, 2003, 『누가 세계를 약탈하는가』, 류지한 역, 울력, pp. 23~24.

다는 세계기구가 오히려 빈곤을 늘리는 정책을 택하도록 정부를 압박한 것입니다. 또한 자유무역은 개발도상국에게 다양한 식량을 재배하지 말고 효율적으로 하나의 식량만 재배해야 한다고 말합니다. '자급자족'이 중요한 것이 아니라 식량을 외국에서 구할 수 있도록 돈을 버는 것이 중요하다는 것입니다. 하나의 식량을 재배하면 돈을 더 많이 벌 수 있는 것은 사실입니다. 다만 그 돈이 기업에게 들어간다는 것과, 소규모로 농사지었던 농민이 모두 무너지게 된다는 것뿐입니다. 가난한 사람은 더 가난해지고 부유한 사람은 더 부유하게 됩니다. 이러한 일이 '농업'에만 해당되는 것은 아닙니다. 다음은 멕시코에서 있었던 일입니다.

"멕시코는 해외에서 들여온 부품을 조립하여 완제품을 수출하는 산업 공장인 '마킬라도라'를 설립하여 보호주의 전통을 극복하고 무역의 덫을 우회하고자 했습니다. 처음 10년간인 1978년에서 1988년 사이에 마킬라도라는 연간 14%씩 성장하여 1500여 개 공장에서 35만 명 이상의 근로자를 고용했습니다. 마킬라도라로 인해 멕시코는 많은 일자리를 창출할 수 있었습니다. 그러나 세계화 표준에 부합하려 노력하는 과정에서 마킬라도라는 젊은 여성의 노동력을 착취하여 그들을 비인간적인 빈민굴에서 살도록 강요했습니다. 대부분의 여성들이 다른 곳에서는 일자리를 구할 수 없었기 때문에 이러한 비인간적인 환경을 감내했습니다. … 그리고 21세기 초에 이르면 많은 마킬라도라의 조립 일자리가 멕시코를 떠나 제조 임금이 훨씬 더 싼 중국으로 이동했습니다."[75]

75) 로버트 A. 아이작, 2006, 『세계화의 두 얼굴』, 강정민 역, 도서출판 이른아침, pp. 191~192.

세계화로 문을 연 멕시코는 경제성장은 했으나 노동자들의 환경은 열악했습니다. 임금도 비교적 낮았지만, 결국에는 더 저렴한 임금을 찾아 떠난 기업들 때문에 노동자들은 일자리를 잃었습니다. 지금도 전 세계 노동자들의 착취는 끊이지 않고 있습니다. 이러한 문제는 세계화로 빈곤 타개에서 큰 성과를 거둔 중국조차 예외는 아닙니다. 다음은 애플의 하청 공장 노동자들이 최저임금조차 받지 못하고 있다는 기사입니다.

"뉴욕에 본부를 둔 인권단체 '중국노동자관찰'(China Labor Watch)은 [2015년 10월] 22일 보고서를 발표하고 애플의 중국 하청공장 중 하나인 상하이창쉬커지공장(上海昌碩科技工廠)의 노동자 평균 시급은 11.8위안(2100원)으로 상하이시가 지난 3월부터 적용한 최저 임금 기준인 18위안보다 크게 낮다고 밝혔다. 43쪽에 달하는 이 보고서는 애플의 하청업체인 페가트론에서 불공정한 노동 관행이 지속되고 있다고 밝히며 공장 노동자들이 생계 유지를 위해 주당 60여 시간의 연장 근무를 하고 있음에도 평균 월급은 총 2020위안 (36만 3000원)에 불과하다고 주장했다. 애플은 2013년 7월 페가트론의 중국 내 공장에서 노동권 위반 사례가 무더기로 적발되자 이의 개선을 약속했지만 실제 큰 변화는 없었던 것으로 나타났다. … 보고서는 또 공장 측이 노동자에게 하루 12시간의 중노동과 연장근로를 강요하고, 안전교육을 규정대로 하지 않으면서 교육 시간을 조작하며, 식사 시간을 단축하고 있다고 지적했다. … 보고서는 노동자들이 파견 근로자 고용 초과, 더럽고 비좁은 기숙

사, 입사 비용 본인 부담, 불합리한 벌금 조항 등으로 최악의 근로·복지 상황에서 시달리고 있다고 밝혔다. … [중국노동자관찰의 조사에 참가한 스카이원(貥凱文)은] '2013년 7월 이후 이 공장에서 10~20대의 청소년 노동자 10여 명이 급사 등 비정상적인 원인으로 사망했다'고 말했다. 보고서는 노동자들이 아이폰 6S 조립 과정에서 카드뮴, 수은, 6가 크롬, 비소 등 유독 물질과 접촉하는데도 공장 측은 이런 사실과 보호 대책을 알려주지 않고 있다고 지적했다."

– 경향신문, "애플은 사상 최대 실적 전망…중국 하청 노동자는 최저임금도 못 받아", 2015년 10월 27일자

이처럼 다국적기업의 탐욕 앞에 개발도상국 노동자의 생명은 안중에도 없어 보입니다. 방글라데시에는 값싼 인건비 때문에 많은 글로벌 의류 브랜드 공장들이 들어서 있습니다. 하지만 그곳의 공장 환경은 너무나 열악합니다. 2005년에는 방글라데시의 수도 다카에서 8층짜리 스웨터 회사의 공장이 무너졌습니다. 건물이 무너진 이유는 안정성 요건을 무시하고 3층짜리 건물을 8층으로 만들었기 때문입니다.

그런데 2013년 4월 24일 또다시 대규모 의류공장이었던 라나플라자가 붕괴되면서 최소 1136명이 사망했고 2500명이 넘는 사람들이 다쳤습니다. 라나플라자 건물도 원래 6층짜리 건물로 시공되었지만 불법 증축하면서 3층이 더 올려졌기 때문입니다. 안전을 위한 투자를 비용으로 생각한 글로벌 기업과 공장주는 결국에 수많은 사람의 목숨을 잃게 만들었습니다. 하지만 이에 대한 정부의 대응은

너무나 불명확했고, 잘못한 글로벌 기업 및 공장주에게 제대로 된 처벌을 하지 않은 결과 어처구니없는 대형 참사가 반복되었습니다. 결국 2016년 9월 10일 방글라데시 수도 다카 인근인 통기의 한 공장에서 불이 나 31명이 숨지고 70여 명이 다쳤습니다. 이 공장 역시 층수를 늘렸기 때문에 사고가 발생했습니다.

우리나라에서도 비슷한 사례들이 고도 성장기였던 1970~80년대뿐만 아니라 2000년대에도 지속되고 있습니다. 예를 들어 국내 최대 규모의 기타 제조회사인 콜트콜텍(Cort Cortek)은 1973년에 창립되어 싼 임금에 좋은 품질의 기타를 만들면서 세계 유명 기타 판매업체들의 주문 생산 방식으로 급성장한 기업입니다. 저임금, 열악한 업무환경에 따른 질병의 고통, 성희롱 등에 시달린 노동자들의 희생으로 사업주는 높은 수익을 챙길 수 있었습니다.[76]

그런데 통기타를 만드는 대전 계룡 시의 콜트 공장과 전자기타를 만드는 인천 부평의 콜텍 공장은 각각 2007년 7월과 2008년 8월, 경영위기를 이유로 폐업해버리고 생산라인을 인건비가 저렴한 중국과 인도네시아로 이전했습니다. 폐업 직전까지 수년간 순이익을 내왔는데 경영상 어려움을 이유로 공장을 폐쇄하였고, 그 결과 두 공장에서 56명과 67명 노동자가 모두 해고되었습니다. 그때부터 콜트와 콜텍 노동자들은 해고 무효 투쟁을 해오고 있습니다.

이처럼 세계화의 패자는 생계를 잃은 인도의 농민부터 열악한 환경에서 일하는 멕시코와 중국, 우리나라의 노동자까지 광범위하며 모두 힘없고 경쟁력 없는 사회 약자층이라는 사실입니다.

---

76) 안건모, "[안건모가 만난 사람들] 그들은 '꿈의 공장'에 남았다-3431일, 아직 콜트콜텍엔 4명의 해고노동자가 있다," 오마이뉴스, 2017년 7월 4일자.

세계화의 승자 이야기

그렇다면 세계화로 인해 늘어난 이윤과 혜택을 가져간 승자는 누구일까요?

대표적 승자는 다국적기업입니다. 예를 들어 월마트 같은 글로벌 대형 마트가 개발도상국으로 진출하면서 지역사회에 기반을 갖고 생계를 꾸려 오던 소상공인은 시장에서 퇴출되고 생존 위기에 내몰립니다. 지역사회의 초토화라는 대가 속에 다국적기업은 이윤을 만들어 냅니다. 심지어 다국적기업은 이윤을 늘리기 위해 반인간적·반사회적 행위도 서슴지 않습니다.

> "네슬레는 제3세계 엄마를 대상으로 아기에게 모유 대신 분유를 먹이도록 했으며, 바흐텔은 볼리비아의 물을 사유화하려 했고, 미국 담배회사는 자체 연구에서 담배가 몸에 해롭다는 결과를 도출시켰음에도 이에 대한 과학적 증거가 없다고 사람들에게 알렸고, 몬산토는 다시 심을 수 없는 씨앗을 맺는 식물 품종을 개발해 매년 농가에서 새로운 씨앗을 구입하도록 했으며, 엑손의 발데즈호는 기름을 대량 유출하고도 보상금 지급을 피하려고 했습니다."[77]

다국적기업이 개발도상국의 성장과 일자리 창출 등에 기여한다는 직접투자의 경우(예: 공장 운영)에도 종종 개발도상국의 공해나 유해물질 유발 등 사회적 비용에는 제대로 책임을 지지 않고 있습니다.

---

77) 로버트 A. 아이작, 2006, pp. 323~324.

예를 들어 1984년 인도의 작은 도시 보팔에서 한밤중에 '유니온 카바이드사' 농약공장에서 유독가스가 누출되는 사건이 발생한 적이 있습니다. 당시 2만 여 명이 사망하고 10만 명 이상이 호흡기 질환, 신경질환, 면역체계 이상과 같은 평생 질환을 얻었습니다. 하지만 그에 대한 보상은 충분하지 않았습니다. 사실 그러한 피해는 어떠한 보상을 하더라도 충분할 수가 없을 것입니다.

유니온 카바이드사는 다우케미컬이라는 기업에게 사고가 났던 지역의 공장을 팔아 버렸고, 다우케미컬 또한 이 사태에 대한 책임을 떠맡지 않았습니다.[78] 앞에서 지적했듯이 다국적기업이 이렇게 행동할 수 있었던 것은 세계화로 제3세계 국가들의 규제를 무력화했기 때문입니다.

---

78) 조지프 스티글리츠, 2008, 『인간의 얼굴을 한 세계화』, 홍민경 역, 21세기북스, p. 334.

우리나라가 외환위기를 겪고 재벌에 대한 책임을 묻는 목소리가 증대했듯이, 금융위기 이후 월가의 대형 금융회사 등 글로벌 기업에게 그 책임을 묻는 목소리도 커졌지만 정작 그들은 책임을 지지 않았습니다. 즉 금융 대재앙을 해결하는 과정에서 공정성 문제 때문에 미국 정부나 연준(Fed)의 해결방식은 미국식 금융시스템과 시장경제에 대한 신뢰를 크게 떨어뜨렸습니다.

예를 들어 2008년 9월 7일 미국 정부는 부실화된 미국의 양대 국책 모기지(주택담보대출금) 보증업체인 '패니 메(Federal National Mortgage Association, Fannie Mae)'와 '프레디 맥(Federal Home Loan Mortgage Corporation, Freddie Mac)' 문제를 해결하기 위해 최대 2000억 달러라는 공적 자금을 투입했습니다.

미국에서도 유례를 찾기 힘든 '역사적 규모'의 공적 자금 투입 방안에 대해 언론과 많은 사람들이 '이익은 주주와 경영진에게, 손실은 납세자에게'라는 '정실자본주의(crony capitalism)'의 전형적인 사례라고 비난하였습니다. 정실자본주의는 비즈니스의 성공이 기업과 정부 관료 사이의 가까운 관계에 의존하는 자본주의 경제를 경멸적으로 표현하는 용어입니다.

즉 미국 정부가 비록 경영진 전원 교체와 함께 사실상 주식을 휴지조각으로 만드는 조치를 포함시켰지만, 채권자에게는 비용을 부담시키지 않음으로써 채권자가 앞으로 더 책임 있게 행동할 것을 기대하기 힘들어졌고 그러한 이유로 납세자에게 엄청난 부담을 강요하는 공적 자금 투입 결정을 비난한 것입니다. '시장 안정'의 명분으로 '납세자의 눈물'을 요구하는 공적 자금 투입은 시장이 제대로 작동하기 위한 '공정성 원리'에 부합하지 않는다는 것입니다.

마찬가지로 은행이나 보험사가 '고위험-고수익' 게임을 즐기고 이득을 챙기다가 납세자에게 위험을 떠안도록 하는 행태, 즉 '시장 안정'을 명분으로 '대마불사(Too Big To Fail)'의 신화에 매달리는 '도덕적 해이'[79]에 대해서도, 많은 사람들은 일종의 '금융 사기극'이라 비난하며 시스템의 공정성 문제를 제기하였습니다.

대표적으로 보험회사 AIG에 대한 대규모 공적 자금 투입을 들 수 있습니다. 이 기업은 앞에서 공부한 신용파산스왑(CDS)을 발행했던 기업입니다. 앞에서 지적했듯이 CDS는 부채담보증권(CDO) 등 금융 상품에 대한 보험 상품으로 투자한 금융 상품의 가치가 떨어질 때 보상 받을 수 있게 하는 상품입니다.

금융위기로 CDO의 가치가 급락하자 CDS를 매입(투자)했던 투자자들은 AIG로부터 손실에 대한 보상을 받아야 했고, 그 보상금을 감당할 수 없게 되자 AIG는 결국 파산 위기에 직면하게 됩니다. 그러자 미국 정부는 AIG에 미국 역사상 최대 규모의 공적 자금을 투입하여 살려 준 것입니다. 즉 경영을 제대로 하지 못해 무너진 기업을 국민들에게 걷은 세금으로 살려 준 것입니다. 미국 정부는 AIG가 파산하면 그 여파가 너무 커서 수많은 사람이 고통받게 되므로 어쩔 수 없었다고 주장합니다.

이로 인해 기업은 자신의 몸집을 불리려고 노력합니다. 금융위기 이후에도 대마불사와 도덕적 해이가 계속되는 이유입니다. 또한 미국 5대 대형 은행의 자산 규모와 전체 은행 자산에서 차지하는 비중(9월 기준)이 2007년 4.6조 달러와 35%에서 2014년에는 각각 6.9조 달러와 44%로 증가한 이유입니다.[80]

대형 금융회사의 높은 수익은 고위험 추구와 낮은 차입 비용 때문에 가능했

---

79) 감추어진 행동이 문제가 되는 상황에서 정보를 가진 측이 정보를 가지지 못한 측의 이익에 반하는 행동을 취하는 경향을 말함.

80) Oxfam, 2016, "Too big to fail, and only getting bigger" (January 7). http://politicsofpoverty.oxfamamerica.org/2016/01/too-big-to-fail-and-only-getting-bigger

던 것인데, 이는 납세자의 '보이지 않는 지갑(invisible wallet)'이라는 보증 때문에 가능한 것이었습니다. 예를 들어 대형 금융회사는 국가의 암묵적 지원 덕택으로 중소형 금융회사보다 차입 비용이 0.3% 낮다는 것이 미국 연준의 연구 결과입니다. 반면 중소 규모의 은행은 평소에도 생존하기 위해 치열한 경쟁으로 고투하다가 금융위기 이후에는 대부분 파산하였습니다. 기본적으로 대형 은행과 중소형 은행 간 게임은 불공정하게 진행되고 있는 것입니다.

지금의 세계화

지금까지 보았듯이 세계화의 결과 다국적기업의 이윤이나 대규모 자본이 얻는 혜택의 상당 부분이 개발도상국과 선진국 국민의 희생에 바탕을 두고 있습니다. 따라서 지금의 세계화는 선진국, 글로벌 기업 중심의 세계화입니다. 우리가 먼저 해야 할 일은 그것을 정확하게 인식하는 것입니다.

정보통신기술의 발달로 일어난 세계화는 전 지구를 하나로 만들고 모두가 서로서로 협력하여 잘살 수 있게 만들었다고 합니다. 개개인적으로 봤을 때 우리는 외국인과 쉽게 친해질 수 있고 서로 정보를 공유하며 간접적으로 세계여행을 할 수도 있고, 더 다양한 것을 경험할 수 있습니다. 그런데 세계 전체를 보았을 때 지금의 세계화는 그 시작이 전 세계의 구성원과 협력해서 이뤄진 것이 아니라 신자유주의라는 이데올로기를 통해 이루어진 것이며, 세계화로 인해 발생한 이윤이 공평히 나눠지지 않고 기업에게 집중된다는 것을 알 수 있습니다. 따라서 세계화가 지금까지와 같은 형태로 지속될 때 불평등이 더욱 심해질 것이라는 것을 우리는 쉽게 예상할 수 있습니다.

우리가 세계화에 기대한 '거대한 하나의 지구촌 공동체'는 신기루가 되어 버렸습니다. 오히려 불평등이 증가하면서 미국을 포함한 선진국에서 '사회적 자본'이 쇠퇴해 오고 있습니다.[81] 여기서 '사회적 자본'이란 사회 구성원들이 힘을 합쳐 공동 목표를 효율적으로 추구할 수 있게 하는 자본, 즉 사람들 사이의 협력을 가능케 하는 구성원들의 공유된 제도, 규범, 네트워크, 신뢰 등 일체의 사회적 자산을 말합니다.

글로벌 기업의 이윤 추구 논리에 의해 사회적 약자층에 대한 국가의 보호막이 거두어진 결과 세계화에 대한 저항이 증대하고 있습니다. 앞에서 지적했듯이, 지금의 세계화가 민주주의를 약화시키고 있기 때문에 위기를 맞고 있는 것입니다. 세계화와 민주주의 정치를 결합하려면 세계 정부, 즉 전 세계나 특정 지역이 미국과 같은 연방제가 되어야 할 것입니다. 바로 유럽연합이 최종적으로 꿈꾸던 모델입니다. 지금도 독일과 프랑스는 '더 긴밀한 유럽'을 외치고 있습니다. 그러나 앞에서 보았듯이 현실은 민주주의 없는 세계화에 머물렀고, 세계화에 반대하는 저항을 초래하고 있습니다.

이 모든 것을 한꺼번에 해결할 수 있는 방법은 단일화 된 세계정부(글로벌 거버넌스)의 확립이지만 세계의 다양한 인종과 삶의 방식에 어떤 획일적인 잣대를 들이

---

81) Eric D. Gould and Alexander Hijzen, 2016, "Growing Apart, Losing Trust? The Impact of Inequality on Social Capital," IMF Working Paper WP/16/176 (Aug.).

댈 수 있으리라고는 상상할 수 없습니다. 이 문제를 해결하기 위해서는 다양한 사람들이 자신의 존엄을 인정받고 차이를 존중받을 수 있도록 민주주의가 보다 심화되어야 할 것입니다.

현재로서는 세계정부 단위에서의 국제금융 자본에 대한 규제 방안이 보다 현실적으로 보이지만 강제력을 가지기 위해서는 아직 넘어야 할 산이 많습니다. 다음 장에서는 우리 모두가 더 행복한 삶을 살 수 있는 진정한 세계화에 대해 알아볼 것입니다.

07장

세계화 시대, 현명하게 살아가려면

세계화가 거스를 수 없는 물결이라는 것을 여러분도 알고 있을 것입니다. 인터넷의 발달로 이미 전 세계 사람들과 소통이 가능해졌고, 금융시장 또한 연결되어 있습니다. 미국에서 시작된 글로벌 금융위기를 보면서 더 이상 한 국가에서 일어나는 일이 국내 문제일 뿐 아니라 전 세계에 영향을 준다는 것을 알 수 있습니다. 이는 사실 경제학에서 개개인이 독립적이라는 가정이 더 이상 통하지 않는 세상이 왔음을 보여줍니다.

앞에서 우리는 지금의 세계화를 이끄는 이데올로기가 신자유주의임을 배웠고, 신자유주의의 기본 배경이 '개인은 독립적이고 이기적이다'는 명제에 기초하고 있다는 사실을 기억할 것입니다. 하지만 세계화가 진행되면서 우리의 행동이 더욱 많이, 더욱 멀리 있는 사람들에게 영향을 끼칠 수 있게 되었습니다. 국가도 마찬가지입니다.

신자유주의에 기초한 주류 경제학에서는 독립적인 통화 정책의 운용이 가능하다고 주장하지만 각국 정부는 2008년 금융위기를 겪으면서 그것이 더 이상 불가능하다는 것을 깨달았습니다. 즉 신자유주의 이데올로기에 기초한 세계화 프로젝트는 실패한 것입니다. 개발도상국에게 보호무역은 '해로운 것'이라고 말하던 선진국이 보호무역을 하는 자가당착을 보였습니다. 극우주의 부상도 신자유주의식 세계화 프로젝트의 실패로 생겨난 것입니다.

그렇다면 이러한 갈등을 해결하기 위해 우리는 무엇을 어떻게 해야 할까요?

가장 먼저 알아야 할 것은 세계화에 대해 '다른 생각'이 필요하다는 것입니다. 각 국가의 정부가 경제위기를 서로 협력해서 해결하려고 한다면 지금보다 빠른 속도로 경제위기가 해결되었을지도 모릅니다. 더 이상 신자유주의 정책을 펼치지 않고 대기업과 같은 강자가 아닌 사회적 약자를 위한 복지제도를 실시하고, 국민을 시장에 방치하는 것이 아니라 기본적 삶을 보장할 수 있도록 정책을 만들었다면 우리는 더 행복한 삶을 살았을 것입니다. 즉 공동체의 구성원 모두가 잘살 수 있는 협력과 상생의 가치관을 갖고 있다면, 위에서 나타난 갈등을 해결할 수 있다는 것입니다.

여러분은 이것이 이상적인 생각일 뿐 현실에서는 실현 불가능하다고 생각할지도 모릅니다. 모든 사람은 '이기적인 사람'이기 때문에 협력하지 않을 것이라고 생각할 것입니다. 그래서 이 장에서는 실제로 협력과 상생을 추구하는 공동체를 보여주고, 이러한 공동체가 세계화의 대안이 될 수 있는지 살펴보면서 동시에 우리가 추구해야 할 세계화의 과제는 무엇인지 알아보려고 합니다.

착한 소비와 사회적 협동조합

'착한 소비'에 대해 들어 본 적 있나요? 착한 소비 또는 윤리적 소비란 '상품을 선택하는 기준으로 가격과 품질뿐만 아니라 상품 생산과정은 물론 그 지역의 사회문화 및 생태계까지 고려하는 것'[82]을 말합니다. 대표적으로 공정무역으로 생산·판매되는 초콜릿과 커피를 들 수 있습니다. 윤리적 소비는 보통 '사회적 협동

---

82) 임현지·공석기, 2014, 「뒤틀린 세계화—한국의 대안찾기」, 나남, p. 185.

환경을 보호하며 스스로 자신들의 필요를 충족시키기 위해 만든 경제조직,
'사회적 협동조합'

조합'을 통해 이루어집니다. 협동조합은 경제적 약자나 사회적으로 소외된 사람들이 힘을 모아 스스로 자신의 필요를 충족시키기 위해 만든 경제조직인데, '사회적 협동조합'이란 지역주민들의 권익·복리 증진과 관련된 사업을 수행하거나 취약계층에게 사회서비스 또는 일자리를 제공하는 등 영리를 목적으로 하지 않는 협동조합입니다.

일반 협동조합이 영리를 추구하는 반면 사회적 협동조합은 비영리 협동조합입니다. 일반 협동조합은 배당이 가능한 반면, 사회적 협동조합은 배당이 금지됩니다. 또한 일반 협동조합의 사업은 업종이나 분야에 제한이 없는 반면, 사회적 협동조합은 공익사업을 40% 이상 수행해야만 합니다.

수년 전부터 우리나라에서 사회적 협동조합에 대한 관심이 늘어나면서, 유엔이 정한 2012년 '세계협동조합의 해'를 계기로 2012년 12월 1일부터 협동조합 기본법이 시행되고 있습니다. 협동조합은 기본적으로 '상생'과 '협력'을 중요하게 생각합니다. 경쟁을 중요하게 생각하는 신자유주의와 대비되는 생각들입니다. 따라서 사회적 협동조합을 통해 신자유주의 세계화에 대한 대안을 알아내려고 합니다.

사회적 협동조합은 인간뿐만 아니라 자연 및 생태계까지 고민하며 활동합니다. 내부적으로는 민주적 원칙에 따라 모든 의사결정이 이루어집니다. 또한 의사결정 시 협동조합을 만드는 데 자본을 투자한 금액에 따라 사람을 차별하지 않습니다. 사회적 협동조합에 있어서 중요한 것은 '돈'이 아니라, 모두가 잘살 수 있도록 하는 '프로그램'이며 그 프로그램을 수용하는 지역주민의 욕구와 참여입니다.

협동조합도 자본주의 체제 안에서 활동하기에 영리를 목적으로 하는 일반 기업이나 글로벌 기업과 경쟁하며 시장에서 살아남기 위해 지속적으로 혁신해야 합니다. 혁신의 방법은 기존 기업처럼 임금 감소와 비정규직을 통한 비용 절감이 아니라 상품을 만드는 데 진정한 혁신을 하는 것입니다. 또한 외부적으로는 지속 가능한 생태계를 지향합니다.

신자유주의는 자연환경이 파괴되는 것에 관심이 없습니다. 이윤이 늘기만 한다면 공기와 바다를 오염시키고 산과 늪지를 사라지게 해도 상관이 없습니다. 하지만 사회적 협동조합은 다릅니다. 그들에게 중요한 것은 이윤이 아니라 함께 살아가는 세상입니다. 예를 들어 자연환경에 대한 파괴를 최소화하기 위해 농산물 같은 경우 농약을 최소로 뿌리거나 유기농법을 통해 생산하며, 상품의 포장용기도 단순화시킵니다.

사회적 협동조합은 보통 지역공동체로서 역할을 수행합니다. 협동조합이 있는 지역 사람들의 참여가 협동조합을 잘 운영할 수 있게 하는 원동력입니다. 그래서 협동조합은 지역 사람들을 위한 프로그램 또한 중요하게 생각합니다. 서로 잘살 수 있게 하는 것이 사회적 협동조합의 또 다른 목표이기 때문입니다. 그래서 사회적 협동조합이 잘 구성되어 있는 국가에는 지역을 기반으로 활동하는 협동조합이 많습니다.

하지만 현실적으로 글로벌 기업과 협동조합이 경쟁하기 위해 협동조합은 지역 내에서만 활동해서는 안 됩니다. 다른 지역과 연대를 통해 그 영향력을 확대해야 세계화 속에서도 진정한 협동조합을 만들 수 있을 것입니다. 각 지역의 협동조합이 서로의 자원과 정보를 교환·공유하고 협력할 때 비로소 글로벌 기업과 경쟁이 가능해질 것입니다.

우리가 신자유주의식 세계화에 대항하여 대안의 세계화를 만들기 위해서는 지역을 기반으로 하는 사회적 협동조합을 만들고 여기에 참여하는 것이 필요합니다. 참여 방법은 윤리적 소비를 하는 것입니다. 앞에서 말한 것처럼 윤리적 소비는 이 상품을 소비함으로써 자신이 얻는 효용뿐만 아니라 소비 행태가 생산자와 생태계를 위한 행동임을 인지하는 것을 말합니다. 예를 들어 소비자는 글로벌 기업이 취약계층을 착취해 만든 가격이 싼 초콜릿과, 생산자에게 정당한 대가를 지불해 만든 다소 비싼 초콜릿 중에 후자를 선택할 때 윤리적 소비를 했다고 말할 수 있습니다.

아직은 협동조합이 세계화를 지배하고 있는 글로벌 기업과 경쟁 상대도 되지 못할 것이라 생각할 수 있습니다. 하지만 전 세계 각 지역에서 사회적 협동조합이 생기고, 사람들이 참여하는 것이 궁극적으로 자신에게 이익이 되어 돌아온다는 사실을 깨달았을 때 상생과 협력을 중요시하는 세계화가 나타나게 될 것입니다.

세계사회포럼은 '대안 세계화'를 찾았는가?

신자유주의식 세계화가 소득 불평등을 심화시키고 환경을 파괴하는 등 많은 부작용을 낳자 전 세계 곳곳에서 세계화에 대한 대안을 찾기 위한 사람들이 하나둘씩 나타나기 시작했습니다. 영국의 대처 전 수상이 자본주의의 지구적 확장 이외의 '다른 대안은 없다'고 발언하자 이들은 '다른 대안은 분명히 있다'고 말하며 초국적으로 모이기 시작했습니다.

세계화에 대한 대안을 찾으려는 사람들은 1999년 미국 시애틀에서 열린 세계무역기구(WTO) 반대 시위를 계기로 '세계사회포럼(WSF)'을 만들었습니다. 특히 '세계화의 효율적 확산을 위해 노력하는 논의체'인 '다보스포럼(세계경제포럼)'을 "세계적 빈곤에 눈감는 이기적인 집단이며 가진 자들만의 리그"라고 혹평하며 다보스포럼의 대안을 표방했습니다.

이들은 신자유주의를 "경제적 혼돈에 대한 혼돈의 이론이고, 사회적 어리석음에 대한 어리석은 찬양이며, 파국에 대한 파국적·정치적 방안"이라고 평가했습니다. 자율성의 원칙과 중심주의 배제의 원칙 유지를 기본 정신으로 삼는 세계사회포럼에는 신자유주의식 세계화와 자본주의 세계경제 체제를 반대하는 다양한 운동조직들이 모여 있으며 "초국적 수준에서 다양한 생각을 자유롭게 나눌 수 있는 개방적인 공간으로 민주적 토론을 핵심 운영원리로 삼고"[83] 있습니다. 즉 신자유주의식 세계화에 대항하여 대안 세계화를 어떻게 만들어 낼지 고민하는 토론의 장이라고 할 수 있습니다.

---

83) 임현지·공석기, 2014, p. 24.

2001년 처음 시작한 세계사회포럼에서는 '상품들 사이의 통합이 아니라 사람들 사이의 통합을' 그리고 '보다 큰 연대로 뭉쳐지고, 자유와 평등에 보다 가까이 다가간 인류사회 건설을' 위해 세계화가 강화하는 여성 차별적 가부장제, 인종차별, 종족 학살, 생태 파괴와 인민의 건강·생활조건 악화, 자원과 공공재의 사유화, 노동기본권의 박탈, 자유무역과 FTA에 의한 농민-노동자-지방기업의 주변화, 군비 경쟁 등을 반대하고, 외채 '탕감'이 아니라 오히려 역사-사회-생태적 착취에 대한 배상, 금융시장을 통제하기 위한 금융거래세의 도입과 조세 피난처의 폐지, 국제금융기구의 개혁, 민주적 토지개혁, 젠더 정의, 생명에 대한 특허권 폐지, 거대 곡물기업의 지역 농업 잠식 현상으로 인한 식량주권 위기에 맞선 식량정의 등 다양한 주제에 대해 논의해 오고 있습니다.

비록 안정화되지 않고 중심이 있는 조직은 아니지만 자본주의 체제에 의해 배제된 노동, 농민, 인권, 환경 부문과의 연대를 통해 더 확장적인 활동을 하고 있습니다. 즉 사회운동의 고유성 또는 다양성을 존중한다는 점에서 윤리와 문화라는 새로운 차원의 문제를 제기하고, 자율적인 사회운동의 수평적 교통으로서 국제주의를 지향한다는 점에서 차별성을 갖습니다. 특히 세계사회포럼이 지향하는 국제주의는 세계화의 결과라는 측면도 있는데, 문제는 공동의 노력을 통해 공통 이념과 윤리와 문화를 만들어 내야 한다는 점입니다. 즉 국제주의에 대한 일반적 지향 속에서도 지역의 고유한 사회적·문화적 문제를 결합시킬 수 있는 가치를 형성하는 것은 중대한 과제일 수밖에 없습니다.

세계기구 개혁의 현주소

세계무역기구(WTO), 국제통화기금(IMF) 등의 기구들은 앞장서서 신자유주의 세계화를 이끌었습니다. 이들이 세계화를 주도하는 표면적 이유는 WTO 설립 협정에서 찾을 수 있습니다.

> "상이한 경제발전 단계에서 각각의 필요와 관심에 일치하는 방법으로 환경을 보호하고 보존하며 이를 위한 수단의 강화를 모색하면서, 지속가능한 개발이라는 목적에 일치하는 세계 자원의 최적 이용을 고려하는 한편 생활수준의 향상, 완전고용의 달성, 높은 수준의 실질소득과 유효수요의 지속적인 양적 증대 및 상품과 서비스의 생산 및 무역의 증대를 목적으로 … 관세 및 그 밖의 무역장벽의 실질적인 삭감과 국제무역 관계에 있어서 차별대우의 폐지를 지향하는 상호 호혜적인 약정의 체결을 통해 이러한 목적에 기여할 수 있다."[84]

앞부분은 매우 이상적인 내용입니다. 지속 가능한 개발을 위한 방법을 찾고 생활수준 향상을 말하며 심지어 환경을 보호하는 것이 목적이라고 말합니다. 그런데 결론이 이상합니다. 차별적인 무역 장벽을 없애자고 합니다. 앞에서 얘기했듯이 경제발전이 뒤처진 개발도상국에는 무역 장벽이 있는 것이 더 공평한 것입니다. 선진국도 경제발전을 이루기 전에 무역 장벽을 통해 성장했습니다. 개발

---

84) 대니 로드릭, 2011, 『더 나은 세계화를 말하다』, 제현주 역, 북돋움, p. 280.

도상국에서 살고 있는 사람들의 모든 생활수준과 소득수준을 향상시키려면 그들에게는 아직 무역 장벽이 필요합니다. 선진국과 개발도상국은 동일한 조건에서 경쟁할 수 없기 때문입니다.

WTO가 정말로 전 세계 사람들의 '생활수준 향상'을 원한다면, '무역 장벽 삭감과 국제무역 관계의 차별대우 폐지'를 주장해서는 안 됩니다. 더 나은 세계화를 위해서는 WTO가 지향하는 방법부터 바꾸어야 합니다. 먼저 WTO가 수단인 '무역 개방'을 앞세울 것이 아니라, 목적인 '생활수준 향상과 지속 가능성'을 앞세워야 한다는 것입니다. 생활수준 향상을 위해서는 경제성장이 필요한데, 지금까지 WTO는 경제성장을 위해서는 무역 개방이 필요하다고 말했습니다. 하지만 실제로 '무역 개방'에 의해서만 경제성장을 이룬 사례는 거의 없습니다.[85] 경제성장을 이루기 위한 각 국가의 방법은 문화와 환경, 상황에 따라 다를 수밖에 없습니다.

우리나라의 경우에도 경제성장을 이루기 위해 단순히 무역 개방을 하지는 않았습니다. 정부가 직접 나서서 어떤 산업을 육성할지 선정하고, 해당 산업에 참여하는 기업에게 자본을 지원해 주었습니다. 중국도 비슷합니다. 1990년대 이후 10%가 넘는 경제성장률을 보여주었던 중국은 WTO가 권고하는 것을 그대로 따라간 적이 없습니다. WTO와의 무역 개방도 경제성장이 일어난 지 10년 후에 추진했으며 1994년 이전까지 이중환율제를 가졌습니다. 심지어 고도성장을 이룩했던 시기에 공기업을 민영화시키지 않았고, 사유재산권에 대한 법률 제정도 없었습니다. 한국이나 중국 등 모두 자국의 상황에 맞는 경제정책을 만들어

---

85) 대니 로드릭, 2011, p. 282.

실행함으로써 경제성장률을 높일 수 있었던 것입니다.

따라서 WTO의 목적을 이루기 위해서는 개발도상국과 빈곤국이 "새로운 제도를 실험할 수 있도록 해주어야 하며, 개발을 가로막는 난관을 해소하기 위해 때로 표준에서 벗어나 자국만의 제도를 만들 수 있는 여지를 허락"[86]해 주어야 합니다. 또한 WTO는 하나의 관행을 모든 국가에게 강요하지 않고, 각 국가 간 서로 다른 문화와 정책 충돌을 중간에서 조정해 주는 역할을 해야 할 것입니다.

그러나 미국의 비협조로 인해 WTO는 민주적으로 운영되지 못하고 위기에 봉착해 있습니다. 일방주의·쌍무주의·지역주의 등을 억제하고 다자무역 체제 강화를 통한 세계 무역자유화를 실현하기 위해 출범한 우루과이라운드(UR)[87]의 결과로 1995년 1월 출범한 WTO는 2차 각료회의[88]에서 UR의 뒤를 이어 이른바 '뉴라운드(New Round)'라고 불리는 새로운 다자간 무역자유화 협상을 추진하기로 합의하였습니다.

1999년 11월 30일에서 12월 3일까지 미국 시애틀에서 열린 WTO 3차 각료회의에서 '뉴라운드' 출범을 위한 협상을 시작하였으나, 선진국 중심으로 논의가 전개되는 것에 대한 개발도상국의 반발과 농업 등의 분야에서 나타난 주요국들의 갈등, 전 세계에서 모여든 시민과 농민 단체의 격렬한 반대 행동 등으로 합의를 이루지 못하였습니다.

시애틀 각료회의 이후 WTO는 가난한 개발도상국에 대한 특별대우와 기술지원 방안 등에 대한 협의를 진행하였고, 이를 기초로 2001년 11월 카타르의 도하에서 4차 각료회의를 개최하였습니다. 이 회의에서 WTO 회원국들은 농업,

---

86) 대니 로드닉, 2011, p. 283.

87) 1986년 9월 남미 우루과이의 푼타델에스테에서 개최된 '관세 및 무역에 관한 일반협정(GATT)' 각료회의에서 도출되어 1987년부터 진행된 새로운 다자간 무역협상이다.

88) 회원국의 통상 각료들로 구성되는 각료회의는 WTO의 최고의사결정기구.

서비스, 비농산물, 무역 규범, 환경, 지적재산권, 분쟁 해결 등의 협상 의제와 방식 등을 담은 선언문을 채택하여 '뉴라운드' 출범에 합의하였으며, 공식 명칭을 '도하 개발 어젠다(Doha Developement Agenda)'라고 하였습니다. '라운드' 대신 '개발 어젠다'라는 명칭을 사용한 것은 개발도상국의 개발과 성장 문제도 중요하게 다루겠다는 의미를 담은 것입니다.

그러나 협상은 2015년 12월 케냐의 나이로비에서 열린 각료회의에서 농업 수출 보조금 등을 둘러싸고 선진국과 개발도상국, 특히 미국과 개발도상국 사이의 의견 차이를 드러내며 좌초 위기에 놓여 있습니다. 다자간 협상에서 자신의 이익을 관철하기 어려워지자 미국 등 선진국은 자국의 이해를 쉽게 관철시킬 수 있는 쌍무주의·지역주의로 전환하였습니다.

미국은 한걸음 더 나아가 트럼프 정부에서 환태평양 경제동반자 협정(Trans-Pacific Partnership, TPP)을 탈퇴하고, 북미자유무역협정(NAFTA)의 재협상을 추진하고, 한미 FTA를 수정하려 하고 있습니다. 예를 들어 태평양 주변의 12개국 간 무역 자유화와 경제통합을 추진하는 TPP는 아시아에서 중국 부상을 견제하고, 아시아·태평양 지역의 패권을 유지하기 위한 것입니다.

TPP가 상품, 서비스, 투자, 지적재산권 등에 국한된 기존의 FTA와 달리 환율 조작의 기준이나 국유기업에 대한 우대정책의 축소 혹은 폐지, 아동노동이나 강제노동의 금지 등을 포함한 것도 중국의 약점(?)을 겨냥한 것입니다. 중국이 참여할 수 없는 기준을 만들어 중국을 배제하고 미국이 주도하는 아시아·태평양 지역의 경제블록을 만든 것입니다.

미국이 '자유무역협정'보다 호혜주의에 기초하여 무역장벽의 완전한 제거를 고집하지 않는 경제통합 방식인 '경제동반자(economic partnership)' 형식을 취한 이유도 중국을 배제하는 경제블록을 성공적으로 출범시키기 위한 선택이었습니다. 그런데 트럼프가 TPP를 탈퇴함으로써 사실상 TPP를 무산시킨 것은 다자간 협상으로 미국이 너무 많은 양보를 했다는 인식에서 비롯된 것입니다.

또 다른 국제기구인 IMF도 금융위기 이후 개혁 대상으로 부상하였습니다. 미국 등 주요 선진국 모두에게 깊은 내상을 입힌 미국발 금융위기를 극복하기 위해 미국은 선진국 중심의 G7에 13개 신흥시장국을 추가하여 G20을 만들었고, 경기회복을 위해 국제사회는 공조하였습니다.

국제 공조 연장선에서 G20은 IMF 개혁을 주요 의제로 설정하였습니다. 즉 IMF와 세계은행의 지분 구성과 관련하여 선진국의 일정 지분을 개발도상국으로 이전하고, IMF 내에서 안건 거부를 위해 필요한 지분을 15%에서 25~30%로 확대해서 미국이 거부권을 행사하지 못하게 하였습니다.

IMF의 경우 특정 안건을 통과시키기 위해서는 전체 지분의 85% 이상의 동의가 필요한데, 미국이 16.74%의 지분을 차지하므로 미국이 찬성하지 않으면 안건 통과가 되지 않는 구조입니다. 그러나 IMF 개혁안은 실망스럽게 막을 내렸습니다. 중국의 IMF 지분율이 3.996%에서 6.394%로 상승하여 일본에 이어 3위가 되었지만, 미국이라는 특정 국가의 거부권 행사를 개혁하지 못했기 때문입니다. 2015년 12월 16일 미국 의회가 승인한 지분율 개혁안 내용을 보면 미국의 지분율이 불과 0.27%포인트 내린 16.47%였습니다.[89]

---

89) 반면, 신흥시장국의 대표격(?)인 브릭스(브라질, 러시아, 인도, 중국) 4개국 지분율을 모두 합해도 14.17%로 거부권을 행사할 수 없습니다.

IMF 개혁에 실망한 중국을 포함한 신흥시장국들은 IMF를 대체할 세계금융기구를 만들게 됩니다. AIIB(아시아인프라투자은행)나 브릭스(BRICS) 개발은행(New Development Bank) 등이 대표적 사례입니다. AIIB는 미국, 일본 중심의 아시아개발은행(ADB), 세계은행(WB) 등에 대항하여 중국 주도로 설립되는 다자 개발은행입니다. 아시아, 유럽, 아프리카, 남미 등 총 57개국이 창립 회원국으로 참여하며, 1천억 달러의 자본금을 기반으로 융자, 지급 보증, 지분 투자 등을 통해 아시아 지역의 인프라 개발 자금을 지원할 예정입니다.

브릭스 개발은행은 미국 주도의 국제금융 체제를 견제하고 세계 금융기구의 재편을 위해 중국 주도로 브릭스 5개국이 출범시킨 금융기구입니다. 2012년 3월 브릭스 국가 정상이 설립 논의를 시작한 이후 자본금 출자 규모, 본부 입지, 운영 방식 등을 놓고 이견차로 합의에 어려움을 겪다 2014년 7월 브라질 포르탈레자에서 열린 제6차 정상회의에서 2016년 NDB를 출범시키는 데 합의하였습니다.

브릭스 5개국이 각각 100억 달러를 출자해 총 500억 달러의 초기 자본금으로 공식 발족하며 초기 자본금 가운데 100억 달러는 현금, 400억 달러는 현물로 출자합니다. 이후에는 자본금을 1000억 달러 규모로 확대할 예정이며 신흥국의 자본 참여는 허용하지만 브릭스 5개국의 지분율을 55% 이상으로 유지해 NDB에 대한 주도권을 브릭스 국가가 갖기로 했습니다.

우리가 원하는 세계화

우리는 지금까지 세계화가 무엇인지, 지금의 세계화가 갖고 있는 문제점은 무엇인지, 그리고 대안은 무엇인지 알아보았습니다. 세계화를 통해 이룬 번영의 과실은 고르게 분배되지 않고, 희생과 불평등을 낳았습니다. 구미 선진국은 세계화를 주도하면서 그 과실을 가장 많이 획득한 승자였지만 내부에서는 패자가 양산되었습니다. 또한 세계화를 적극 활용한 기업과 자본은 부를 축적했지만, 중하층 노동자들은 임금 삭감과 자산 하락으로 고통 받았습니다.

불평등에 대한 민중의 분노는 기성 정치 경제 질서에 대한 반발로 이어졌고, 극우 포퓰리즘의 좋은 먹잇감이 되었습니다. 극우 포퓰리즘은 '미국 우선주의(America First)'와 '영국 우선주의(Britain First)' 등에서 보듯이 내부 실패를 외부 탓으로 돌립니다. 국제협력에 대한 피로감을 고립주의로 돌리고, 개방과 이민에 대한 반감을 이용하여 인종주의를 부추깁니다. 그리고 고립주의와 인종주의 등은 강경한 대외정책과 대결주의, 그리고 국제정치 질서에 변동을 가져올 수 있습니다.

한국에서 극우 포퓰리즘이 급부상하지 않는 것은 이미 기득권 지배 세력이 수십 년간 지배해 왔기 때문에 국민들이 좌절하는 데 면역되었기 때문입니다.[90] 한국의 기득권 지배세력은 마치 압력밥솥이 폭발을 막기 위해 조금씩 증기를 배출하듯이 임계점을 넘지 않도록 다양한 방식을 써 왔습니다. 예를 들어, '증세 없는 복지'를 주장하며 헬조선과 흙수저론에 대해 김 빼기를 해 왔습니다. 그러나 이러한 방식은 한계에 도달했습니다. 기업과 산업, 수출이 역성장했고, 서민

---

90) 김준형, 2016, "트럼프 현상과 브렉시트가 한국에 경고하는 미래: 고립과 대립의 동거," 동아시아재단 정책논쟁.

가계의 소득이 후퇴하고 있기 때문입니다. 하지만 외국인 혐오, 세대갈등, 남녀 갈등을 포함한 초갈등 사회로 진입하고 있는 우리 사회도 양극화에 대한 대책으로 고립주의와 인종차별을 내세워 국민을 잘못 이끌 수 있는 가능성이 많습니다.

이처럼 내부의 불평등은 적극적인 복지와 개방으로 해결해야 하는데 많은 국가들은 수단을 잃어버렸습니다. 점점 악화되는 세계적 불평등은 협력과 통합으로 해결해야 하는데 세계정부는 초국가적 협력을 이루지 못해 위기에 봉착했습니다. 지금까지는 많은 약점에도 시장의 무분별한 사익 축적을 국가의 공적 권위로 통제하고, 사적 자본이 결코 하지 않는 공공재를 제공하며, 세금과 복지를 통한 재분배로 자본주의를 유지할 수 있었습니다.

그런데 국가 개입 축소를 전제로 하는 신자유주의 확대는 필연적으로 공공성 축소로 이어졌고, 국가는 시장의 패자를 돌볼 의지와 수단을 상실해 왔습니다. 불평등이 구조화된 지금 자본이나 시장은 스스로 개선에 나설 리가 없고, 국가는 통제하기보다 오히려 이들을 위해 작동합니다. 불평등 문제를 완화하기 위해서는 국가의 공공성 회복이 필요한데 세계화로 구조적 함정에 빠져 버렸습니다. 하버드 대학의 로드릭 교수가 말하는 이른바 세계화, 국가, 민주주의 간 '3자 딜레마(trilemma)' 함정인 것입니다. 신자유주의식 세계화 프로젝트가 더 이상 지속될 수 없는 배경입니다.

그렇지만 세계화는 거부할 수 없는 흐름이기도 합니다. 그동안 신자유주의의 폐해를 지적하는 사람들이 '인간의 얼굴을 한 세계화'나 '대안 세계화' 등을 주장한 배경입니다. 문제는 이러한 주장들이 사실상 구호 수준(?)에 머물러 있다는 점입니다. 그 이유는 기본적으로 자본주의 체제와 그 쌍둥이인 자유민주주의의 생명력이 약화되고 있기 때문입니다.

예를 들어, 세금과 복지를 통한 재분배는 왜 약화되었을까요?

대공황 당시 루스벨트는 세제 개혁을 통해 개인 최고 소득세율을 25%에서 81.1%까지 인상했습니다. 그런데 금융위기 이후 오바마가 35%에 있던 최고 소득세율을 겨우 39.6%로 인상했는데, 트럼프가 다시 33%로 낮추려 하고 있습니다. 금융위기 이후(2007~14년) 하위 50%의 시간당 실질임금이 증대는커녕 2.7%나 후퇴[91]하였는데도 증세가 어려운 이유가 무엇일까요?

2005~14년간 25개 선진국의 65~70% 가구는 실질소득이 정체하거나 하락했고, 다음 10년간 이 비율은 70~80%로 증가가 예상[92]되고 있는데 과거처럼 세금과 복지를 통한 재분배가 어려운 이유는 자본주의 경제 활력이 크게 저하되었기 때문입니다.

역사적으로 증세는 경제가 활력을 띨 때 성공하였습니다. 고소득자나 부자들이 증세를 받아들이는 경우 일반적으로 세금 납부 후 소득이 감소하지 않을 때 반발이 적습니다.

그런데 금융위기 이후 선진국 경제 등 세계경제의 저성장이 보여주듯이 경제 활력이 크게 저하되다 보니 증세에 대한 저항이 클 수밖에 없는 것입니다. 즉 경제 활력의 회복 없이 복지 강화가 어렵다는 것은 산업사회의 산물인 자본주의의 제도적 수명이 소진되었음을 의미하는 것입니다. '대안의 세계화'는 '대안 경

---

91) E. Gould, 2014, "Why America's Workers Need Faster Wage Growth-And What We Can Do About It," Economic Policy Institute BP. 382 (Aug.).

92) R. Dobbs, A. Madgavkar, J. Manyika, J. Woetzel, J. Bughin, E. Labaye, and P. Kashyap, 2016, "Poorer than their parents? A new perspective on income inequality," MGI (July).

제체제'를 요구하는 것입니다.

마찬가지로 현재의 민주주의는 세계화 앞에 무기력을 드러내고 있습니다. 예를 들어, 기업 소득에 대한 세금인 법인세 인상이 어려운 이유 중 하나가 기업이 법인세가 낮은 해외로 이전한다는 논리입니다. 또한 미국의 중앙은행인 연준이 금리를 인상 혹은 인하시킬 경우 다른 나라의 중앙은행도 금리를 인상 혹은 인하할 수밖에 없습니다. 즉 조세정책이나 통화정책 등의 '글로벌 동조화'에서 보듯이 개별 국가의 정책 독립성은 크게 훼손되었습니다. 그 결과 사회경제적 약자층을 위한 사회통합적 경제정책 혹은 포용적 경제정책[93]을 운용하기 어려워진 것입니다.

그리스 등 남유럽 국가의 재정위기에서 촉발된 '유로존 위기'도 마찬가지입니다. 유로화라는 단일 통화를 도입한 결과 유럽의 경제통합이 크게 진전됨으로써 남유럽 국가들은 저비용으로 자금을 이용할 수 있게 되어 주택시장이 활성화되었고 민간 소비도 증가하는 등 경제성장이 촉진되었습니다.

그러나 과도한 해외 자본에 대한 의존은 대외 불균형(경상수지 적자)을 수반하였고, 글로벌 금융시장이 불안정해지며 해외 자본의 급격한 유출이 발생하자 은행과 정부는 파산 위기에 내몰린 것입니다. 유로화 사용으로 하나의 네트워크가 된 유럽 경제 전체로 위기가 확산된 것입니다. 이처럼 세계를 '하나의 네트워크'로 만든 세계화는 초국가 협력을 선택이 아닌 필수사항으로 만들었습니다.

문제는 초국가 협력의 필요성이 구조적으로 증대한 반면, 현실적으로 초국가 협력의 리더십은 매우 빈곤합니다. 그 이유는 국민국가를 넘어 초국가 단위에서

---

93) 포용적 경제정책이란 국민 각계각층에게 경제성장에 따른 기회가 주어지고 늘어난 부가 사회 전체에 공정하게 분배되도록 하는 경제정책을 의미합니다.

발생하는 '집단행동의 딜레마'에 대한 해법이 부재하기 때문입니다. 여기서 '집단행동의 딜레마'란 집단이 공통의 이해관계가 걸려 있는 문제에 서로 협력하지 못해 문제를 해결하지 못하는 상황을 말합니다.

지금까지 국민국가 내에서 발생하는 집단행동의 딜레마에 대한 해법은 마련된 상황입니다. 그러나 초국가 단위에서는 개별 국가가 무임승차 성향을 드러내거나, 즉 국제사회의 공동 목표나 이익을 위해 협력이 필요한데 국가 간 이해관계의 충돌로 협력이 되지 않을 경우 이를 해결할 수단이 취약하다는 것입니다. 국제기구의 개혁이 지지부진하고, 금융위기 이후 국제 협력과 공조가 필요하여 만든 새로운 세계정부인 G20 정상회의가 금융위기가 진정되자 무력감을 드러내는 이유입니다. 즉 세계정부(글로벌 거버넌스)에는 민주성, 효율성, 보편성의 동시 달성이 불가능한 트릴레마가 작동합니다.

예를 들어, 다음 그림에서 보듯이 G7/G8 등은 민주성과 효율성을 확보할 수 있는 반면 보편성 문제를 가지며, WTO/UN 등은 민주성과 보편성을 확보하는 대신 효율성 문제가 있으며 IMF/세계은행(World Bank) 등은 보편성과 효율성을 확보하는 반면 민주성 문제를 갖습니다.

G20 정상회의는 기존 글로벌 거버넌스의 3대 구성요소인 민주성, 효율성, 보편성을 조화시키려는 측면에서 진전이 있었지만, 여전히 초국가 단위에서의 '집단행동 딜레마'에서 자유롭지 못한 것입니다.

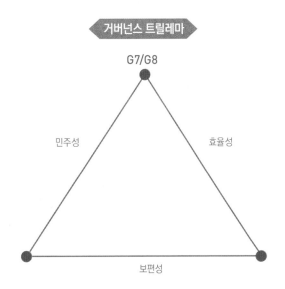

출처: Pradumna B. Rana, 2013, "From a Centralized to a Decentralized Global Economic Architecture: An Overview," Asian Development Bank Institute (January).

이처럼 세계화는 민주주의의 결손뿐만 아니라 민주주의의 질을 업그레이드 시켜야 하는 문제를 갖고 있습니다. 즉 세계화로 위협 받고 있는 공공성의 회복을 위해서는 개별 국가 내부적으로는 민주주의를 강화시켜야 할 뿐 아니라 신흥시장국들이 글로벌 경제 정부 핵심에 진입하고, 국제질서에서 미국의 지도력 약화 혹은 후퇴 상황에서 초국가 단위에서의 국가 간 협력 문제 해결이 시급한 과제로 부상하고 있습니다.

금융위기 이후 금융안정위원회(FSB)[94]의 구성에서 보듯이 글로벌 경제 정부가 도입되고 있지만, 공식적 힘이 거의 없는 나라는 비공식적인 협력과 정보 공유, 실행은 개별 국가 정부의 재량에 남겨진 일종의 '네트워크들의 네트워크

---

94) 세계 금융시장 안정을 위해 1999년 4월 선진 7개국(G7) 재무장관과 중앙은행 총재 등이 모여 설립한 금융안정화포럼(Financial Stability Forum, FSF)을 2009년 4월 G20 런던 정상합의에 따라 아시아 외환위기의 재발 방지 및 국제협력을 목표로 1999년 기존 G7이 중심이 되어 설립한 금융안정화포럼(FSF, Financial Stability Forum)에 한국, 브릭스(BRICs) 등 12개국이 추가로 가입해 정책 창출 및 집행 등 글로벌 금융감독 기능을 강화한 회의체입니다. FSB는 IMF와 함께 각국의 거시경제와 금융위험성을 점검하고 조정하는 역할을 담당하고, 회원국과 국제기구의 규제기관, 중앙은행, 재무장관 등으로 확대 구성했습니다.

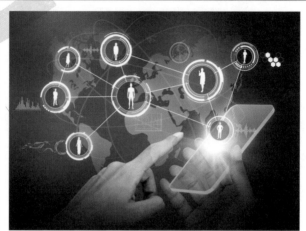

각종 IT 기기로 연결된 현대사회는 연결 경제가 새로운 패러다임을 형성

(network of networks)' 수준에 머물러 있습니다. 예를 들어, 글로벌 차원에서 시스템적으로 중요한 금융회사/기관들(Systemically important financial institutions, SIFIs)에 대한 규제는 본질적으로 초국가 문제인 반면, 실행은 개별 국가 정부의 재량에 맡겨지는 비대칭성 문제를 해결해야만 합니다.

국가마다 상이한 사법체계를 갖는 이유는 상이한 조건과 문제에 직면하고 있기 때문입니다. 경제 규모가 큰 미국의 경우, 경제 규모에 비해 상대적으로 규모가 작은 대형 금융회사가 부실할 때 금융회사의 청산에 초점을 맞출 수 있지만 대부분 국가들은 선택이 불가능합니다. 즉 대부분 국가들은 대형 금융회사의 실패 방지에 초점을 맞출 수밖에 없습니다. 통일된 규칙을 마련하기 어렵기 때문입니다. 국가별 다양성에 따른 글로벌 법적 다원주의에서 규제의 다양성과 조정 문제가 있습니다.

그러므로 더 나은 세계화를 만들기 위해서는 국민국가에 바탕을 둔 기존의 자유민주주의를 자율민주주의로 업그레이드시켜야만 합니다. 스스로 자신을 통제하여 절제하는 '자율'과 남의 지배나 구속을 받지 않고 자기 마음대로 하는 '자유'의 차이는, 후자가 사회가 만든 법의 범위 안에서 이루어진다면 전자는 실천이성(도덕적 실천 의지를 규정하는 이성인)이 스스로 만든 보편적 도덕법을 스스로 따른다는 점입니다.

협력이 구조화되기 위해서는 자유보다는 자율이 요구됩니다. 예를 들어 남유럽 국가들이 대외부문이나 재정의 과도한 불균형이 이루어지지 않도록 스스로 절제할 때 유로존 경제가 제공하는 통합의 이익은 지속될 수 있습니다. 하지만 지금 독일 등 유럽 핵심국은 유로존 전체의 안정성을 회복하기 위해서 남유럽 국가에게 책임 추궁 차원의 과도한 긴축을 요구하고 있습니다.

그 결과 남유럽 국가의 경제적 어려움이 재생산되었고, 유럽 경제 회복도 어려워지는 악순환에 빠졌습니다. 따라서 유럽의 핵심국은 남유럽 국가의 경제 정상화를 지원한 후 개별 국가의 책임을 강화시키는 연대 정신을 보여줘야만 유로존 위기는 종식될 수 있습니다. 그러나 유럽의 핵심국은 남유럽 국가의 무임승차나 도덕적 해이를 우려하다 보니 지원보다는 책임 추궁 방식으로 규율을 강화시키고 있는 것입니다.

자율민주주의를 아젠다로 하는 세계화가 진행되었을 때 우리는 신자유주의식 세계화로 인해 발생한 소득 불평등과 경제위기, 극우주의 등을 극복할 때 비로소 모두가 함께 잘살 수 있는 세상을 구축할 수 있을 것입니다. 이를 위해서는 자율민주주의의 경제적 쌍둥이인 공유·협력 경제 모델이 필요합니다.

실제로 애플의 앱스토어 사업이나 우버 및 에어비앤비는 물론이고 구글, 페이스북, 아마존의 킨들 등 21세기 사업 모델에서 보듯이 새로운 기술이 확산되고 시간이 흐름에 따라 경쟁에 기초한 사유와 경쟁 등 산업사회의 모델은 공유와 협력에 기초한 사업 모델에 자리를 내주고 있습니다. 그러나 공유와 협력에 기초한 연결 경제(네트워크 경제)가 새로운 패러다임으로 정착되기 위해서는 무엇보다 교육 패러다임이 바뀌어야만 합니다.[95]

산업사회에서와 달리 연결 경제에서 노동력과 인간형은 물적 자본의 보조자가 아닌 창작자(creator), 그리고 호모에코노미쿠스(homo economicus)가 아닌 파트너형

---

95) 최배근, 2016, "'탈공업화 함정'과 4차 산업혁명 그리고 일자리 대충격," 『2017 미래 전문가가 말하는 서울의 미래』, 서울특별시, pp. 205~207.

(네트워크형, 협업형) 인간이기 때문입니다. 4차 산업혁명이 진행되는 현 단계에서 교육개혁이 최대 당면과제라는 사실은 모두가 동의합니다. 산업사회의 산물인 현재의 교육 방식으로는 청년실업을 악화시킬 수밖에 없기 때문입니다.

실제로 오늘날 대졸자의 직무와 대학교육의 관계가 약화되고 있습니다.[96] 예를 들어 미국에서 2000년 이후 대졸자 노동자의 업무에서 수학과 과학 기술의 중요성이 하락하고 다른 사람과 협력을 통해 문제를 해결하는 역량인 사회적 기술(social skills)이 중요해지고 있음이 밝혀졌습니다.

한편, 자동화의 심화로 일자리 패러다임은 근본적으로 변화하고 있습니다. 산업사회에서 일자리를 공급해 왔던 기업이 더 이상 충분한 일자리를 보장해 주지 않는 상황에서 개인이 스스로 자신의 일거리를 만들 수밖에 없습니다. 흔히, 새로운 교육 패러다임의 키워드로 창의성(비판적 사고)과 사회적 협력 혹은 사회적 기술 등을 거론합니다. 즉 문제를 찾아내고 다른 사람과 협력을 통해 그 문제를 해결할 수 있는 역량이 필요하다는 것입니다.

현대사회의 복잡한 문제 해결을 위해서는 다양한 사람 및 기술 간 협력이 절대적이기 때문입니다. 이러한 역량을 갖추자면 자신이 좋아하는 일을 해야 합니다. 자신이 좋아하는 일을 하는 사람일수록 좋은 아이디어가 많기 때문입니다. 그런데 '분업형 인재' 양성에 초점을 맞추고 있는 현재의 대학교육 방식은 산업사회의 유산으로 4차 산업혁명이 요구하는 '협업형 인재' 육성에는 효과성을 상실하고 있습니다.

일본이 장기불황을 극복하기 위해 1990년대 말부터 창조산업 육성을 추진했

---

96) P. Beaudry, D, Greeny, and B. Sand(2013), "The great reversal in the demand for skill and cognitive tasks," NBER Working Paper No. 18901.

으나 결과는 처참하였습니다. 1999~2012년간 전체 산업의 매출액, 고용규모, 기업체 수는 각각 7.8%, 22.9%, 6.5%가 증가한 반면, 창조산업의 경우 매출액과 고용규모 그리고 기업체 수가 각각 -14.3%, -14.0%, -26.9%로 오히려 후퇴하였고, 특히 제조업 부문의 창조산업은 각각 -45.6%, -50.5%, -50.3%로 크게 후퇴하였습니다.[97] 창조산업을 제조업 관점에서 접근한 결과였습니다.

이에 대한 반성으로 최근 일본은 비판적 사고와 문제해결 능력 등에 초점을 맞춘 교육혁명을 추진하고 있습니다. 한국의 찍어내기와 줄 세우기 교육, 그리고 승자 독식의 한국 사회는 창의성, 다양성, 사회적 기술, 상생, 협력 등을 키워드로 하는 연결 경제와는 너무 거리가 멉니다. 한국 사회에서 청년 일자리가 악화되는 이유입니다.

그런데 연결 경제가 만개하기 위해서는 새로운 기술혁신의 잠재성에 맞게 사회적 관계의 혁신이 요구됩니다. 당장 많은 노동력이 조건부 임시고용 노동자로 진화하면서 고용주와 고용인 관계에 새로운 문제가 대두되고 있습니다. 현재의 법체계에서 노동자는 고용인 혹은 독립적 계약자로 분류되는 반면, 고용인을 고용하는 사업주에게만 최저임금, 초과시간 규칙, 노조 결성권, 시민권 보호 등의 규제를 부과하고 있습니다.

많은 선진국에서 사회안전망 차원으로 "모든 사회 구성원이 최소한의 인간다운 삶을 누리게 하기 위해 재산·노동의 유무와 상관없이 정기적으로 지급하는 최저소득"[98]인 기본소득의 도입이 논의되는 배경입니다. 새로운 기술에 부합하는 사회질서의 도래는 시간이 걸리기 때문입니다.

---

97) E. Kakiuchi and K. Takeuchi(2014), "Creative industries: Reality and potential in Japan," GRIPS Discussion Paper 14-04.

98) 예를 들어, 자유주의자 존 스튜어트 밀(John Stuart Mill)은 생산물의 분배에 있어서 먼저 노동 능력의 유무와 관계없이 공동체의 모든 구성원의 최저생활을 위한 몫을 떼어낸 후 나머지를 노동, 자본, 재능에 따라 배분해야 한다고 주장했다. J.S. Mill(1987), Principles of Political Economy, New York: Augustus Kelley, pp. 212~214.

기본소득을 반대하는 이들은 노동 의욕에 부정적인 영향을 미친다고 주장하지만, 4차 산업혁명으로 일자리가 절대적으로 줄어들 가능성이 빠르게 높아지는 상황에서 노동 의욕 감퇴는 더 이상 문제가 되지 않습니다. 노동 의욕이 있어도 일자리가 없는 것이 문제가 되기 때문입니다. 기본소득의 도입은 오히려 복지 시스템의 복잡성으로 인한 낭비를 줄일 수 있는 장점도 있습니다. 기본소득의 재원은 기본적으로 정부의 공공사회 지출금으로 해결이 가능합니다.

물론, 세금과 사회보험료 등으로 구성되는 국민 부담금이 높은 대부분 선진국의 경우 공공사회 지출금으로 해결될 수 있지만, 복지가 상대적으로 미비한 국가의 경우 국민 부담금이 충분치 않을 수 있기에 기본소득을 도입하려면 국민 부담금을 인상하는 문제를 먼저 해결해야 할 것입니다.

그 이전이라도 재원이 문제라면 자동화에 따른 최대 피해자인 청년층만을 대상으로 자신의 일거리 만들기에 대한 지원 차원에서 일정 기간 동안 기본소득을 지원할 수 있을 것입니다. 사실 기본소득의 도입은 일자리 대충격으로부터 희생을 당하는 사람들만의 문제가 아닙니다. 기술 발전을 주도하며 풍요로운 삶을 누리는 극소수를 제외한 절대 다수 사회구성원의 생존이 위협받는 사회 및 경제는 지속 가능하지 않기 때문입니다.

자율민주주의는 공유·협력 경제모델이 확립되기 위해 필수조건입니다. 연결 경제의 패러다임에 부합하는 사회적 관계 혁신의 핵심 키워드가 차이(다양성), 사회적 자본, 자율민주주의이기 때문입니다. 무엇보다 연결 경제의 핵심 자원인 차이가 사회 발전의 원동력이라는 인식 변화와 이를 위해 다양성이 존중되는 사회

환경의 변화가 요구됩니다. 또한 사회적 기술이 발휘되고 사회적 협력이 강화되기 위해 (사회 구성원들이 힘을 합쳐 공동 목표를 효율적으로 추구할 수 있게 하는 자본인) '사회적 자본(social capital)'이 국가 운영과 국가경쟁력의 핵심요소로 인식되어야 합니다.

예를 들어 대표적인 사회적 자본인 신뢰는 공유 경제의 전제조건입니다. 이처럼 공유와 협력이 활성화되기 위해서는 자유민주주의를 자율민주주의로 업그레이드시켜야만 합니다. 소수를 위한 부를 창출하는 연결 경제가 될 것인가, 아니면 생산성 향상의 열매를 사회 전체가 함께 공유할 연결 경제가 될 것인지는 민주주의 수준에 달려 있습니다. 앞에서 지적했듯이 협력이 일상화되기 위해서는 자유보다는 자율이 요구되기 때문입니다.

이런 점에서 협력의 경제가 요구하는 자율민주주의는 시장경쟁의 경제가 기초하는 자유민주주의(제1민주주의)나 통제와 계획 경제가 기초하는 인민민주주의(제2민주주의)와 다른 '제3민주주의'입니다. 혹자는 공유와 협력이 강조되는 연결 경제를 자유보다 평등에 방점이 있는 인민민주주의와 가까운 것으로 이해할 수 있으나 평등을 강조하는 체제는 간섭과 구속이 많아, 즉 자유가 많이 제한 받기에 창조성을 기대할 수 없다는 점에서 연결 경제와는 거리가 멀다고 볼 수 있습니다.

자율민주주의로 이행하기 위해서는 협력을 강조하는 교육 방식 강화와 더불어 자발적 조직화 및 자치 활동이 활성화되어야 합니다. '자치'는 '자율'과 '협동'의 원리에서만 발휘되기 때문입니다. 장기간에 걸쳐 공유자원을 사용한 사례들을 연구한 2009년 노벨경제학상 수상자 엘리너 오스트롬(Elinor Ostrom)은 '지속

가능한 공유자원 체계가 자치적 관리 노력의 산물, 즉 자발적으로 조직화되고 자치가 이루어지는 협동 노력에 기초하였음'을 발견하였습니다. 또한 지속 가능한 공유자원 체계에서는 무임승차나 기회주의적 행동 등을 그릇된 것으로 규정하는 규범(사회적 자본)도 공유됩니다.

자율형 인간, 공유와 협력의 비즈니스 모델, 자치활동에 기반한 자율민주주의가 정상 궤도에 진입할 때만 연결 경제는 새로운 패러다임으로 자리 잡게 될 것이고, 자동화에 따른 생산성 향상의 열매를 사회 전체가 함께 공유하게 될 것입니다.

1 역사적으로 세계화는 어떻게 진행되었는지 정리해 보세요.

└ 세계화는 유럽의 국가들이 금, 은, 향신료 등을 얻기 위해 식민지를 찾아 돌아다니면서 시작됩니다. 영국에서 산업혁명이 일어나고 증기기관이 발명되면서 유럽의 각 국가들은 식민지를 쟁탈하기 위해 경쟁합니다. 그 결과 세계대전이 발생합니다. 세계대전은 서로의 식민지를 빼앗기 위한 전쟁이었습니다. 연합국의 승리로 끝난 제2차 세계대전 이후 전 세계는 냉전 체제가 됩니다. 냉전시대에는 세계화, 무역으로 인한 이익보다 이데올로기가 중요했습니다. 하지만 1990년대에 소련과 동유럽의 공산주의 체제가 붕괴하면서 다시 세계화가 진행됩니다.

2 세계화는 우리에게 이로울 때도 있지만 피해를 주기도 합니다. 세계화가 어떤 이익을 주고, 어떤 피해를 주는지 이야기해 보세요.

└ 세계화는 우리가 살고 있는 지구가 '하나의 네트워크'가 되었음을 의미합니다. 정보통신의 발달로 우리나라에서 팔지 않는 상품을 온라인 결제로 싸게 구입할 수 있습니다. 또한 해외 주식을 거래할 수도 있습니다. 실시간으로 세계 곳곳에서 일어나는 사건을 바로 알 수 있고 각국 정부는 이에 대해 대응할 수 있습니다. 다른 나라에 사는 사람들과 실시간으로 연락할 수도 있고, 전문가들은 연구 자료를 공유함으로써 더 깊고 다양한 연구를 할 수 있습니다.

하지만 '하나의 네트워크'가 된 세상은 '위험'도 연결되어 있습니다. 다른 국가에서 일어난 경제위기가 우리나라 경제에도 위험을 줍니다. 1997년 외환위기와 2008년 금융위기를 대표적 예로 들 수 있습니다. 또한 세계화는 자연환경을 파괴하거나 전쟁을 일으키기도 합니다.

3 철학적 의미의 '자유'와 신자유주의에서 '자유'가 가진 의미에는 어떤 차이가 있는지 생각해 봅시다.

└ 자유는 일반적으로 외부나 내부에 의해 억압받지 않고 그대로 존재할 수 있는 것을 말합니다. 우리는 자유롭게 사고할 수 있고, 누군가에게 억압 받지 않을 권리가 있습니다. 하지만 기업이 자유롭게 이윤을 추구할 수 있는 체제를 말하는 신자유주의의 '자유'는 모든 개인의 자유라기보다는 기업의 자유를 의미합니다.

신자유주의에서 추구하는 정책을 보면 고용과 해고를 손쉽게 할 수 있는 노동시장의 유연화, 산업현장의 안전 및 환경 등에 대한 규제 완화, 공기업의 민영화, 감세 등이 있습니다. 모든 것이 기업의 이윤 증대를 위한 정책들입니다. 그런데 기업이 이윤을 추구할수록 노동자와 시민은 피해 입을 가능성이 높습니다. 노동의 유연화로 일자리는 불안정해지고 소득은 감소합니다. 규제 완화로 우리는 더 위험한 환경에서 노동하게 됩니다. 공기업의 민영화로 공공복지는 더 축소됩니다. 그 결과 기업은 갈수록 부자가 되는데 국민은 가난해지고, 우리 삶의 질은 위협받습니다.

4 최근에도 우리나라 정부는 철도·전기·가스 부문 등의 민영화, 노동시장 개혁 등 신자유주의 정책을 계속 진행하려 합니다. 우리나라의 신자유주의 정책들을 찾아보고, 그러한 정책들이 누구에게 이로움을 주는지 생각해 봅시다.

└ 신자유주의는 미국에서 1970년대부터 나타나기 시작했고, 우리나라는 1980년대부터 조금씩 받아들이고 있습니다. 그리고 IMF 사태(외환위기)가 터지면서 신자유주의 정책은 빠른 속도로 확대되었습니다. 급속한 환경변화에 대한 유연한 대응과 경직적인 고비용 구조의 해소 등을 이유로 추진된 노동시장의 유연화는 임시·일용직 활용의 증가와 파견근로자 등 다양한 비정규직을 증대시킴으로써 고용 안정성을 약화시켰습니다. 또한 공기업의 민영화는 국민 부담을 증가시킵니다.

공기업은 보통 자연독점이 일어나는 시장에서 존재합니다. 따라서 가격을 올릴수록 더 많은 이득을 보지만 복지를 위해 원가 보상율보다 낮게 공공요금을 측정합니다. 그런데 공기업이 민영화 된다면 국민의 복지를 신경 쓰지 않을 것이기 때문에 이용가격을 높여 독점 이익을 얻을 가능성이 매우 높습니다. 무엇보다 경제성장에 기여한다는 신자유주의 정책은 소득불평등을 심화시킴으로써 성장을 지속 불가능하게 한다는 점에서 '기업 제일주의'는 잘못된 논리임을 입증하였습니다.

5 미국은 과거에 자유무역을 주장하며 개발도상국 시장을 개방시켰습니다. 최근에는 보호무역으로 돌아가려는 움직임을 보여줍니다. 180도로 바뀐 미국의 모습을 통해 과거의 '자유무역'이 갖고 있던 의미에 대해 생각해 봅시다.

└ 과거 선진국이 개발도상국에게 자유무역을 주장

했던 이유는 개발도상국을 위한 것이 아니라 선진국의 산업 및 기업을 위한 행동이었습니다. 그런데 개발도상국에 비해 빠르게 기술개발, 공업화, 경제성장을 이룰 수 있었던 선진국 기업들은 자국의 수요보다 많은 상품들을 만들어 냅니다. 그리고 자국의 시장만으로는 생산한 상품을 모두 판매할 수 없다고 생각한 선진국은 자국 정부를 통해 개발도상국 시장을 개방하도록 강요합니다. 실제로 선진국도 보호무역을 통해 자국의 산업과 기업을 성장시킨 다음 자유무역을 진행했습니다. 개발도상국의 경쟁력이 약한 기업이 이미 성장한 선진국의 기업과 동일한 조건에서 경쟁할 경우 개발도상국의 산업과 기업의 성장은 어려울 수밖에 없습니다. 단기적으로 개발도상국 소비자들이 더 좋은 상품을 싸게 구입할 수 있을 것이나, 자국 산업과 기업이 무너지면서 실업자가 되기 때문입니다.

6 미국발 금융위기가 발생한 원인을 다시 한 번 정리해 봅시다.

└ 미국은 제조업만으로는 경제를 성장시킬 수 없다고 인식하고 1980년대부터 '금융'을 통해 이를 해결하려고 합니다. 1990년대 이후 '고용 없는 성장'이 진행되고, 소득격차가 늘어나자 미국 정부는 가난한 사람에게 돈을 빌려주어 쉽게 집을 살 수 있는 정책을 펼칩니다. 신용이 없는 가난한 사람이 돈을 빌릴 수 있었던 것은 다양한 금융상품 때문이었습니다.

대표적으로 CDO는 원래 리스크가 컸던 여러 가지 상품을 섞어 만든 것으로, 리스크가 거의 없는 것처럼 보이는 상품입니다. 투자자들과 다른 나라 정부는 그러한 상품에 투자했고, 그 돈을 바탕으로 미국 은행은 가난한 사람들에게 더 많은 돈을 빌려주었습니다. 사람들은 빌린 돈으로 부동산에 투기했고 부동산 시장에는 과도한 거품이 끼기 시작했습니다. 불안함을 느낀 연준은 기준금리를 올렸고, 그 결과 빌린 사람들이 내야 할 이자는 더 커졌습니다. 부동산 거품은 결국 터졌고, 부동산 투기를 위해 돈을 빌린 사람들과 그것을 바탕으로 만든 CDO 등에 투자한 금융회사, 정부는 함께 무너졌습니다.

7 역사적으로 과도한 자본시장 개방과 금융시장의 성장이 외환위기와 금융위기를 가져왔습니다. 또 다시 그러한 위기가 발생하지 않기 위한 정책은 무엇이 있을까요?

└ 먼저 적절한 규제가 필요합니다. 주류 경제학에서

자본시장을 개방해야 하는 이유로 자본이 자유롭게 이동할 수 있어야 자본이 필요한 곳에 효율적으로 배분될 수 있다는 점을 지적합니다. 하지만 무분별하게 자본이 이동할 경우 단기적 투기를 목적으로 움직일 가능성이 높습니다. 이러한 자본이 한 국가에 과도하게 들어왔다가 갑작스럽게 유출될 경우 해당 국가의 경제는 순식간에 무너질 수 있습니다. 특히 외환보유액을 충분히 확보하지 못했을 때에는 외채 상환에 실패함으로써 외환위기에 빠질 수 있습니다. 따라서 단기적 자본은 들어오지 못하도록 하는 규제가 필요합니다.

과도한 금융시장 성장도 마찬가지입니다. 금융은 기본적으로 실물시장에서 자금 공급자(저축자)와 자금 수요자(투자자)를 연결시켜 줌으로써 투자가 원활해질 수 있도록 하는 역할을 합니다. 그런데 1980년대 이후로 실물시장과 관계없이 성장한 금융시장은 실물시장의 성장이 충분히 뒷받침되지 않은 것이었습니다.

8 앞으로의 세계화는 어떤 모습이어야 할까요? 우리가 바라는 세계화에 대해 이야기해 봅시다.

└ 세계화로 인해 전 세계가 연결되면서 한 국가에서 발생하는 문제는 더 이상 한 국가에 한정될 수 없게 되었습니다. 다른 국가에도 영향을 미치기에 모든 국가들이 협력해야 그 문제를 해결할 수 있게 되었습니다. 과거처럼 선진국이 일방적으로 개발도상국에게 영향을 미칠 수도 없습니다. 미국은 중국 등 신흥시장국 때문에 독자적인 통화정책을 펼치지 못하고 있습니다. 기업들도 자신이 갖고 있는 인력과 자본만으로는 충분한 이윤을 만들어내지 못하고 있습니다. 다른 기업 또는 우버나 에어비앤비 등에서 보듯이 심지어 기업 밖의 사람들과의 협력을 통해 새로운 수익모델을 만들고 있습니다.

결론적으로 앞으로의 세계화는 신자유주의식 세계화와 다른 모습일 수밖에 없습니다. 또한 그 세계화는 모든 사람들에게 이로워야 합니다. 우리는 여전히 협력과 공유, 사회복지 등을 부정적으로 바라봅니다. 경쟁을 통해 기업이 성장할 수 있다고 생각합니다. 복지는 근로의욕을 악화시킬 것이라고 합니다. 모두 신자유주의에서 나온 고정관념입니다.

4차 산업혁명으로 수많은 일자리의 소멸을 예고하듯이 기술진보를 통해 일자리는 감소할 수밖에 없을 것이기에 사회복지가 기본적으로 필요합니다. 또한 개인 혹은 개별 국가가 자율성을 확보하면서 협력을 증진시키기 위해서는 자율민주주의 체제가 필요합니다.

알아 두면 좋은 용어

- **경제협력개발기구**(OECD) : 상호 정책 조정 및 정책 협력을 통해 회원 각국의 경제 사회 발전을 공동으로 모색하고 나아가 세계경제 문제에 공동으로 대처하기 위한 국제기구.

- **구글세** : 특허료 등 막대한 이익을 올리고도 조세조약이나 세법을 악용해 세금을 내지 않았던 다국적 기업에 부과하기 위한 세금.

- **국제 통화 기금**(IMF) : 세계무역 안정을 목적으로 설립한 국제 금융기구.

- **극우주의** : 극단적으로 보수주의적이거나 국수주의적인 사상으로 반민주주의, 민족주의, 인종주의, 강한 국가를 지향하고 이를 위한 수단으로서 '폭력' 사용 등이 특징이다. 쉽게 말하면 다른 민족을 배격하고, 독재를 추구하는 이념. 가장 대표적인 것이 '파시즘(fascism)'이다.

- **금융화** : 전체 경제 활동에서 금융 산업의 지배력과 기업 경영에 대한 금융 통제가 증가하는, 즉 경제 중력의 중심이 생산에서 금융으로 이동하는 현상.

- **뉴딜 정책** : 미국 대통령인 루스벨트가 경제 대공황을 극복하기 위하여 1933년부터 실시한 경제·사회 정책으로 국가가 시장 경제에 적극 개입하여 자유주의 경제 활동을 조정한 것.

- **브레튼우즈 체제** : 제2차 세계대전이 끝난 후 1944년 7월 22일 미국 뉴햄프셔 주 브레튼우즈에서 연합국 44개국이 모여 맺은 협정 내용. 기본 골자는 금 1온스를 35달러로 고정시키고 나머지 통화는 달러에 고정시키자는 것이다.

- **브렉시트** : 영국을 뜻하는 Britain과 탈퇴를 뜻하는 exit의 합성어로 영국의 EU 탈퇴를 의미한다.

- **사회임금** : 개인에게 제공되는 복지혜택을 모두 현금으로 환산해 더한 수치.

- **사회적 협동조합** : 지역주민들의 권익·복리 증진과 관련된 사업을 수행하거나 취약계층에게 사회서비스 또는 일자리를 제공하는 등 영리를 목적으로 하지 않는 협동조합.

- **서브 프라임 모기지** : 저소득자나 무직자의 주택담보 대출금.

- **세계무역기구**(WTO) : 세계무역 조건들을 규정하고, 그 규정을 위반한 나라에 대해 규제 조치를 하기 위해 1995년에 출범한 세계 국제기구.

- **스태그플레이션** : 경기 침체와 인플레이션이 동시에 수반되는 경제 현상.

- **신자유주의** : 사회주의권의 몰락으로 세계경제가 자본주의로 통합되면서 국제적 경쟁이 가열되자 많은 복지국가에서 시장경제의 활성화에 역점을 두는 반면 복지 정책을 점차 감소시키는, 1970년대 이후의 세계경제 현상을 말한다.

- **실업 급여** : 고용보험에 가입한 근로자가 실직하여 재취업 활동을 하는 기간에 소정의 급여를 지급함으로써 실업으로 인한 생계 불안을 극복하고 생활이 안정될 수 있도록 도와주며 재취업의 기회를 지원해주는 제도.

- **연결 경제**(네트워크 경제) : 인터넷의 발달로 경제 주체들이 서로 연결되어 움직이는 경제를 말한다. 네트워크화 된 경제는 이제 기업의 제품·서비스·문화를 창조함으로써 고용자와 사람에 관한 변화가 시작됐다. 사회적 관계, 커뮤니티의 출현은 기업의 기존 방식을 변화시켰다.

- **인플레이션** : 통화량의 증가로 화폐가치가 하락하고, 모든 상품의 물가가 전반적으로 꾸준히 오르는 경제 현상.

- **임금** : 노동이라는 생산요소가 제공하는 서비스에 대한 가격이다. 자본주의 사회에서 임금소득이 요소 소득 가운데서 가장 큰 비중을 차지하고 있다. 명목임금은 노동자가 노동 제공에 대한 대가로 받는 화폐액을 말하며, 실질임금은 명목임금으로 구입할 수 있는 상품 수량을 뜻한다.

- **자유무역** : 국가 간 무역을 하는 데 진입 장벽이 없는 것을 말한다. 진입 장벽의 예를 들면 한국으로 들어오는 외국 상품의 가격에 세금을 붙여 원래 가격보다 높은 가격으로 소비자가 구매하게 만들거나 수입량 자체를 규제하는 것이 있다.

- **G20** : 기존 선진국 모임체인 G7과 유럽연합 의장국, 신흥 시장국 12개국의 모임체.

- **GATT** : 관세 장벽과 수출입 제한을 제거하고 국제무역과 물자교류를 증진시키기 위해 1947년 제네바에서 미국을 비롯한 23개국이 조인한 국제적인 무역협정.

- **포퓰리즘** : 대중의 견해와 바람을 대변하고자 하는 정치사상 및 활동. 대중의 인기만을 좇는 대중추수주의 또는 대중영합주의로 보는 부정적 시각도 뚜렷이 존재한다. 부정적 시각에서는 정치 지도자들이 정치적 편의나 기회주의적 생각으로 포퓰리즘을 활용하면서, 실제로는 비민주적 행태와 독재 권력을 공고히 한다고 비판한다. 즉 권력과 대중의 정치적 지지를 얻기 위하여 비현실적인 정책을 내세울 뿐이며, 국가와 국민이 아니라 특정 집단의 정치적 목적을 위한 수단으로 악용될 수 있다는 점을 지적한다.

- **케인스 이론** : 케인스가 자본주의의 기본 속성인 '소득 불평등'을 수요 부족에 따른 불균형을 가져오는 '구조적인 문제'로 보고, 불균형 누적에 따른 결과인 공황을 방지하려면 경제적 약자층에 대한 사회보장 강화나 경제적 기회의 확대 제공 등이 필요하다고 보는 이론.

- **코스피 지수** : 한국증권거래소에 상장되어 거래되는 모든 주식을 대상으로 산출해 전체 장세의 흐름을 나타내는 지수.

- **헤게모니** : 한 집단·국가·문화가 다른 집단·국가·문화를 지배하는 것.

- **환태평양 경제동반자 협정**(TPP) : 태평양 주변의 12개국 간 무역자유화와 경제통합을 추진하는 기구. 미국은 이 협정을 통해 아시아에서 중국 부상을 견제하고, 아시아·태평양 지역의 패권을 유지하려고 함. 환율 조작 기준이나 국유기업에 대한 우대 정책의 축소 혹은 폐지, 아동노동이나 강제노동의 금지 등을 포함.

참 고 문 헌

- 게르트 슈나이더, 2013, 『왜 세계화가 문제일까?』 이수영 옮김, 반니.

- 김준형, 2016, "트럼프 현상과 브렉시트가 한국에 경고하는 미래: 고립과 대립의 동거," 동아시아재단 정책논쟁.

- 김형주, 2016, "짙어지는 세계화의 그늘 보호무역주의가 자라고 있다," LG경제연구원.

- 노명식, 2011, 『자유주의의 역사』, 책과함께.

- 대니 로드릭, 2011, 『더 나은 세계화를 말하다』, 제현주 옮김, 북돋음.

- 데이비드 스즈키·홀리 드레슬, 2009, 『벌거벗은 원숭이에서 슈퍼맨으로』, 한경희 옮김, 검둥소.

- 라스 카사스 신부, 2000, 콜럼버스 항해록, 박광순 역, 범우사, pp. 27~29.

- 로버트 A. 아이작, 2006, 『세계화의 두 얼굴』, 강정민 옮김, 도서출판 이른아침, p. 191~192/323~324.

- 매일경제신문

- 문은영, 2001, "걸프전쟁," 『중동연구, 20권, 한국외국어대학교 중동연구소, p. 1.

- 미헬 라이몬, 2010, 『미친 사유화를 멈춰라』, 시대의 창.

- 민병두, 2014, "한국의 사회임금 12.9%, OECD 평균의 1/3에도 못 미쳐," 국정감사 보도자료.

- 반다나 시바, 2003, 『누가 세계를 약탈하는가』, 류지한 옮김, 울력, pp. 23~24.

- 신민영, 2016, "세계화와 국내 정치는 양립할 수 없나," 중앙선데이, 9.25~9.26: 19.

- 안건모, "[안건모가 만난 사람들] 그들은 '꿈의 공장'에 남았다 -3431일, 아직 콜트콜텍엔 4명의 해고 노동자가 있다," 오마이뉴스, 2017년 7월 4일자.

- 에릭 헬라이너, 2010, 『누가 금융세계화를 만들었나』, 정재환 옮김, 후마니타스, p. 146.

- 엘리너 오스트롬, 2010, 『공유의 비극을 넘어(Governing the Commons)』, 윤홍근·안도경 옮김, 랜덤하우스 코리아.

- 이근, 2001, 『한국인을 위한 경제학』, 박영사.

- 이근욱, 2010, 『미국의 이라크 전쟁 전략의 변화: 부시의 침공에 서 오바마의 철군까지』, 교보문고.

- 이승원 2014, 『민주주의』, 책세상, pp. 9~12/84

- 이웅·송영철·조충제·최윤정, 2014, "인도의 경제개혁 이후 노동시장의 변화와 시사점," KIEP.

- 임동욱, 2012, 『세계화와 문화제국주의』, 커뮤니케이션북스.

- 임현지·공석기, 2014, 『뒤틀린 세계화-한국의 대안찾기』, 나남.

- 장 지글러, 2007, 『왜 세계의 절반은 굶주리는가?』, 갈라파고스.

- 장하준, 2011, 한·미 FTA 더 깊이 생각해야 한다, 경향신문 장하준 칼럼, 11월 8일자.

- 장하준, 2007, 『나쁜 사마리아인들』, 부키.

- 장하준·아일린 그레이블, 2008, 『다시 발전을 요구한다』, 이종태·황해선 옮김, 부키.

- 조명래, 2009, "[기로에 선 신자유주의] 그 끝은 삶의 터전 파괴," 경향신문, 4월 19일자.

- 조지프 스티글리츠, 2008, 『인간의 얼굴을 한 세계화』, 홍민경 옮김, 21세기북스.

- 주간동아.

- 최배근, 2016, "'탈공업화 함정'과 4차 산업혁명 그리고 일자리 대충격," 『2017 미래 전문가가 말하는 서울의 미래』, 서울특별시, pp. 205~207.

- 최배근, 2015, 『탈공업화와 시장 시스템들의 붕괴 그리고 대변환』, 집문당.

- 최배근, 2015, 『탈공업화 시대의 경제학 강의: 시장이론에 대한 비판적 이해』, 법문사.

- 최배근, 2004, "민주주의와 시장경제 그리고 경제성과의 관계," 한국산업경제학회, 『산업경제연구』 제17권 제3호.

- Atkinson, A., T. Peketty, and E. Saez, 2011, "Top Incomes in the Long Run of History," Journal of Economic Literature, Vol. 49 No. 1.

- Beaudry, P., D, Greeny, and B. Sand, 2013, "The great reversal in the demand for skill and cognitive tasks," NBER Working Paper No. 18901.

- Bergen, P., and D. Sterman, 2017, "Trump's travel ban wouldn't have stopped these deadly terrorists," CNN (January 30).

- Bhagawati, J., 1998, "The Capital Myth: the difference between trade in widgets and dollars," Foreign Affairs (May/June).

- Businessweek.

- Davies, J., R. Lluberas and A. Shorrocks, 2016, Credit Suisse Global Wealth Databook 2016.

- Dobbs, R., A. Madgavkar, J. Manyika, J. Woetzel, J. Bughin, E. Labaye, and P. Kashyap, 2016, "Poorer than their Parents? Flat or Falling Incomes in Advanced Economies," McKinsey Global Institute (July).

- DoSomeThing.org, 11 Facts About Global Poverty.

- https://www.dosomething.org/us/facts/11-facts-about-global-poverty.

- Duca, J., and J. Saving, 2014, "Income Inequality and Political Polarization: Time Series Evidence Over Nine Decades," Federal Reserve Bank of Dallas Research Department Working Paper 1408.

- Economist.

- Evenett, S., and J. Fritz, 2016, "The 19th Global Trade Alert Report," CEPR Press.

- Freund, C. and S. Oliver, 2016, "The Origins of the Superrich: The Billionaire.

- xGhosh, A., J. Ostry, and M. Qureshi, 2016, "When Do Capital Inflow Surges End in Tears?" American Economic Review vol. 106, no. 5 (May).

- Gould, E., and A. Hijzen, 2016, "Growing Apart, Losing Trust? The Impact of Inequality on Social Capital," IMF Working Paper WP/16/176 (Aug.).

- Gould, E., 2014, Why America's Workers Need Faster Wage Growth-And What We Can Do About It, Economic Policy Institute BP. 382 (Aug.).

- Hendrix, C., 2016, "Protectionism in the 2016 Election: Causes and Consequences, Truths and Fictions," PIIE (Nov.).

- Huntington, S., 1968, Political Order in Changing Societies. New Haven, CT: Yale University Press.

- IMF, 2012, "IMF Adopts Institutional View on Capital Flows" (Dec. 3).

- Kakiuchi, E., and K. Takeuchi, 2014, "Creative industries: Reality and potential in Japan," GRIPS Discussion Paper 14-04.

- Menger, C., 1985, Investigations into the Method of the Social Sciences With Special Reference to Economics, edited by Louis Schneider, New York University Press.

- Mill, J.S., 1987, Principles of Political Economy, New York: Augustus Kelley.

- Mohan, R., and M. Kapur, 2014, "Monetary Policy Coordination and the Role of Central Banks," IMF WP/14/70 (April).

- New York Times.

- Ostry, J., P. Loungani, and D. Furceri, 2016, "Neoliberalism: Oversold?" IMF, Finance and Development (June).

- Oxfam, 2016, "Too big to fail, and only getting bigger," (January 7). http://politicsofpoverty.oxfamamerica.org/2016/01/too-big-to-fail-and-only-getting-bigger/

- Oxfam, 2017, "An Economy For the 1%" (Jan. 18).

- Popper, K., 1961, The poverty of historicism, Routledge & Kegan Paul.

- Rodrik, D., 2011, The Globalization Paradox. Democracy and the Future of the World Economy, W.W. Norton & Company.

- Rodrik, D., and A. Subramanian, 2009, "Why Did Financial Globalization Disappoint?" IMF Staff Papers, Vol. 56 No. 1.

- U.S. Census of Bureau, "Gini Ratios of Families by Race and Hispanic Origin of Householder."

- Walker, D., 2014 "Trends in U.S. Military Spending," Council on Foreign Relations, July 15.

- Wealth-X, 2016, The World Ultra Wealth Report 2015-2016 (Sep. 27).